BIRKHÄUSER ARCHITEKTUR BIBLIOTHEK
Herausgegeben von Martina Düttmann

Louis I. Kahn wurde am 20.2.1901 in Estland geboren. Als er fünf Jahre alt war, emigrierten seine Eltern nach Philadelphia. Er studierte an der Architekturfakultät der University of Philadelphia, die ganz der Beaux-Arts Tradition verpflichtet war. Für Kahn aber konnte Stil allein nicht gelten, weder die Tradition, in der er aufgewachsen war, noch die Moderne. Er suchte das Eigentliche, die Spuren des Lebens, die Entwicklungsstufen der Menschheit, das „Natürliche" in der Architektur und die von den Gegebenheiten und von den Wünschen und Vorstellungen der Menschen abhängige Architektur. Was ihn kennzeichnet, ist sein Zögern. Deshalb entstanden seine Hauptwerke, die ihn berühmt machten – *Esherick House, Salk Institute, Kimbell Art Museum, Yale Center for British Art, National Capital of Bangladesh* u.v.m. – erst lange nach seinem fünfzigsten Lebensjahr.
Und ebenso zögernd formuliert er seine Worte. Seit 1947 hat Louis Kahn gelehrt, zuerst an der Yale University, von 1955 an der University of Pennsylvania. Lehre, das war für ihn Berufung, Verpflichtung, sokratischer Auftrag, aber zugleich ständige Überprüfung der eigenen Gedanken. Deshalb sind seine protokollierten Vorträge und Gespräche, die hier in einer Auswahl ins Deutsche übertragen wurden, voller Gedankenstriche und Auslassungen. Reden hieß für ihn eine sprachliche Formel finden für die Gedanken, und das ist ihm schwergefallen, und er wollte auch, daß andere erkennen, daß solches schwerfällt und schwerwiegt.
Louis I. Kahn starb am 17.3.1974 in New York.

Louis I. Kahn
Die Architektur und die Stille

Gespräche und Feststellungen

Aus dem Englischen
von Lore Ditzen
und Kyra Stromberg

Ausgewählt nach der Ausgabe von
Alessandra Latour

Birkhäuser Verlag
Basel · Berlin · Boston

Die Originalausgabe erschien 1991 unter dem Titel „Louis I. Kahn. Writings, Lectures, Interviews", ed. Alessandra Latour, bei Rizzoli International Publications, Inc., New York, N.Y., USA
© 1991 by Rizzoli International Publications, Inc.

Alle Abbildungen aus der amerikanischen Originalausgabe, mit freundlicher Genehmigung von Esther Kahn.
Die zusätzlichen Abbildungen auf den S.10/11, 20–23, 36/37, 130/131, 139, 142/143 aus: Richard Saul Wurman, *What Will Be Has Always Been: The Words of Louis Kahn*, Access Press und Rizzoli, New York 1986.

Lore Ditzen übersetzte: „Gespräche mit Studenten", „Über den Wert und die Ziele des Zeichnens" und „Monumentalität".

Alle anderen Übersetzungen von Kyra Stromberg.

Umschlagentwurf und -foto: Friederike Schneider

Die Deutsche Bibliothek – CIP-Einheitsaufnahme

Louis I. Kahn : Die Architektur und die Stille ; Gespräche und Feststellungen / Alessandra Latour. Aus dem Engl. von Kyra Stromberg und Lore Ditzen. – Basel ; Berlin ; Boston : Birkhäuser, 1993
  (Birkhäuser-Architektur-Bibliothek)
  Einheitssacht.: The sphinx in the city <dt.>
  ISBN 3-7643-2826-6

Dieses Werk ist urheberrechtlich geschützt. Die dadurch begründeten Rechte, insbesondere die des Nachdrucks, des Vortrags, der Entnahme von Abbildungen und Tabellen, der Funksendung, der Mikroverfilmung oder der Vervielfältigung auf anderen Wegen und der Speicherung in Datenverarbeitungsanlagen, bleiben, auch bei nur auszugsweiser Verwertung, vorbehalten. Eine Vervielfältigung dieses Werkes oder von Teilen dieses Werkes ist auch im Einzelfall nur in den Grenzen der gesetzlichen Bestimmungen des Urheberrechtsgesetzes in der jeweils geltenden Fassung zulässig. Sie ist grundsätzlich vergütungspflichtig. Zuwiderhandlungen unterliegen den Strafbestimmungen des Urheberrechts.

© 1993 Birkhäuser Verlag, Postfach 133, CH-4010 Basel, Schweiz
Gedruckt auf säurefreiem Papier, hergestellt aus chlorfrei gebleichtem Zellstoff
Printed in Germany
ISBN 3-7643-2826-6

9 8 7 6 5 4 3 2 1

Inhalt

1964
Gespräche mit Studenten — 7

1931
Über den Wert und die Ziele des Zeichnens — 41

1944
Monumentalität — 44

1953
Architektur und Hochschule — 57

1953
Über die Verantwortung des Architekten — 59

1959
Neuland in der Architektur — 61

1961
Drei Projekte — 82

1962
Eine Aussage — 100

1970
Architektur: Stille und Licht — 109

1972
Dies und Das. Ein Architekt äußert seine Gedanken — 122

1972
Wie mache ich mich, Corbusier? — 127

Kahn übersetzen — 147

Schriftenverzeichnis — 152

1964
Gespräche mit Studenten

Das Gespräch fand an der Rice University statt.

Es ist etwa einen Monat her, ich arbeitete wie immer
noch abends spät in meinem Büro, da sagte ein Mitarbeiter zu mir,
„Ich möchte Sie gern etwas fragen,
das mich schon lange beschäftigt...,
wie würden Sie unsere Zeit beschreiben?"
Dieser Mann ist Ungar, er kam in unser Land
als die Russen Ungarn besetzten.
Ich dachte über die Frage nach, denn irgendwie fasziniert es mich,
Fragen zu beantworten, auf die ich die Antwort nicht kenne.
Gerade hatte ich im New York Times Magazine
von den Vorgängen in Kalifornien gelesen.
Ich war dort gewesen, hatte Berkeley besucht
und das Ausmaß der Revolution wahrgenommen
wie auch die großen Verheißungen der Technik.
Und ich verstand, was ich kürzlich gelesen hatte, daß es Dichter gibt,
die versuchen, Gedichte zu schreiben
ohne Worte.
Vielleicht zehn Minuten lang saß ich regungslos da
und rief mir dies alles vor Augen,
bis ich schließlich zu Gabor sagte,
„Was ist der Schatten von weißem Licht?"
Gabor hat die Angewohnheit zu wiederholen, was man sagt,
„Weißes Licht... weißes Licht...
ich weiß es nicht." Und ich sagte,
„Schwarz. Aber keine Angst, es gibt kein
weißes Licht, ebensowenig wie es
schwarzen Schatten gibt."
Als ich aufwuchs war das Sonnenlicht gelb,
und der Schatten war blau. Doch jetzt
sehe ich deutlich das Licht weiß
und den Schatten schwarz.
Doch das beunruhigt mich nicht, denn ich glaube,
daß es ein neues Gelb geben wird und ein herrliches
Blau, und daß die Revolution einen neuen Sinn für Wunder weckt.
Denn nur aus Wundern können neue Dinge entstehen,
ganz gewiß nicht aus Analysen.
Und ich sagte, „weißt Du, Gabor,
wenn ich etwas anderes machen wollte als Architektur,
so würde ich neue Märchen schreiben,

denn aus den Märchen kamen das Flugzeug und die Lokomotive
und das wundervolle Instrumentarium des Geistes...,
alles kam aus dem Wunder."
Wir führten das Gespräch zu einer Zeit,
als ich drei Vorträge in Princeton halten sollte.
Ich hatte noch keine Titel dafür, und das
dortige Sekretariat war wegen der Titel
für die Ankündigung des Programms hinter mir her.
Nach dieser Nacht des Gesprächs mit Gabor waren die Titel da.
(Wie ergiebig ist es doch, jemand zu haben,
den alles bewegt, nicht bloß die kleinen Dinge.)
So einer ist Gabor, er ist tatsächlich so verliebt
in die Bedeutung von Wörtern, daß er imstande wäre,
eine Skulptur von Phidias und ein einzelnes Wort gleichrangig
zu beschreiben.
Für ihn hat ein Wort zwei Qualitäten. Die eine,
die meßbare, ist die des täglichen Gebrauchs,
und die andere besteht im Wunder seines bloßen
Vorhandenseins, das ist die nicht meßbare Qualität.
Ich wußte nun die Titel meiner Vorträge in Princeton.
Den ersten nannte ich
„Architektur: Weißes Licht und Schwarzer Schatten."
Der zweite hieß:
„Architektur: Die Institutionen der Menschen."
Und der dritte:
„Architektur: Das Unfaßbare."
Im Reich des Unfaßbaren gibt es das Wunder
von der Geburt der Säule.
Aus der Wand trat die Säule hervor.
Die Wand war für den Menschen gut.
Stark und dick schützte sie ihn vor Unbill.
Doch bald wünschte sich der Mensch
hinauszusehen, und er schlug ein Loch
in die Wand, was die Wand sehr verletzte.
Sie sagte „Was tust Du mir an?
Ich gab Dir Sicherheit, und jetzt
durchlöcherst Du mich!"
Der Mensch sagte „Ich will aber hinaussehen,
ich sehe wunderbare Dinge,
und ich muß hinaussehen."
Die Wand blieb weiter traurig.
Später dann schlug der Mensch nicht bloß

ein Loch in die Wand, sondern er machte
einen richtigen Ausblick, in schönen Stein
gefaßt und einen Architrav darüber.
So fühlte sich die Wand schon besser.
Aus der Aufgabe, eine Wand zu bauen,
wurde so die Aufgabe, eine Wand mit einer Öffnung zu bauen.
Daraus entstand folgerichtig die Säule.
Sie ordnete,
was offen und was geschlossen war.
So ergab sich ein Rhythmus von Öffnungen,
und die Wand
war nicht länger Wand, sondern eine Folge
von Säulen und Öffnungen.
Solche Erfindungen haben kein Vorbild in der Natur.
Sie kommen aus einem geheimnisvollen Bedürfnis des Menschen,
den Wundern der Seele Ausdruck zu geben,
die nach Ausdruck verlangen.
Der Sinn des Lebens ist, Ausdruck zu geben...
dem Haß, der Liebe...
der Redlichkeit, den Fähigkeiten,
allem Unfaßbaren.
Der Geist ist die Seele,
und der Verstand ist das Instrument,
dem wir unsere Einzigartigkeit verdanken
und das unsere Haltung bestimmt.
Eine Geschichte von Gogol könnte
eine Geschichte sein vom Berg,
dem Kind und der Schlange.
Gogol hatte die *Wahl*.
Die Natur *wählt* nicht,
sie entdeckt uns ihre Gesetze, und alles
ist bedingt durch die Wechselbeziehung der Umstände.
Aber der Mensch wählt.
Kunst beinhaltet Wahl,
und alles, was der Mensch tut, tut er kunstvoll.
In allem, was die Natur werden läßt,
bleibt die Erinnerung, wie es entstand.
Im Fels lebt das Werden des Felsens fort,
im Menschen die Erinnerung
an seinen Ursprung.
Wenn wir uns dessen bewußt sind,
ahnen wir die Gesetze des Universums.

Louis I. Kahn in einer Vorlesung. *The Inspiration* steht groß auf der Tafel. Was das gedruckte Buch schwer wiedergeben kann, ist die Inspiration, die von der Person Louis Kahn ausging.

Fotos: George Krause

Manche können sie rekonstruieren
aus der Beobachtung eines Grashalms.
Andere müssen erst vieles
erlernen, bevor sie zu ahnen beginnen,
was notwendig ist, um die Ordnung
des Universums zu begreifen.
Der Antrieb zu lernen kommt aus der Art, wie wir leben.
In unserem bewußten Sein lebt die Natur fort,
der wir entstammen.
Unsere Lehr- und Lern-Institute entstanden
aus dem Antrieb zum Lernen, den wir als Mitgift bekamen.
In den Institutionen der Lehre geht es vor allem
um Ausdruck, der Lebenswille selbst
verlangt nach Ausdruck. Und die Religionen
entstammen der Sehnsucht, unseren Ursprung zu kennen.
Ich kenne keinen größeren Dienst,
den ein Architekt in seinem Beruf leisten kann,
als sein Wissen, daß jedes Bauwerk
dem Menschen zu dienen hat, sei es
ein Regierungsgebäude, ein Wohnhaus,
sei es ein Bau für den Unterricht, für Gesundheit oder Erholung.
Eines der großen Erschwernisse für die heutige
Architektur ist, daß diese Institutionen
nicht genau definiert sind, sie werden einfach
aus vorgegebenen Programmen in einen Bau übertragen.
Ich möchte an einigen Beispielen zeigen,
was ich unter Programmierung verstehe.
In meiner Lehrtätigkeit an der Universität
gab ich der Klasse als Entwurfsaufgabe ein Kloster,
und ich versetzte mich selbst in die Situation eines Eremiten,
der sich eine Gesellschaft von Eremiten herbeiwünscht.
Wo fange ich an?
Wie stelle ich mir diese Eremiten-Gemeinschaft vor?
Ich hatte kein Programm.
Zwei volle Wochen lang redeten wir nur über Natur.
(Natur ist ein so wichtiges Element im Leben von Eremiten.)
Ein indisches Mädchen gab den ersten, wichtigen Hinweis. Sie sagte
„Ich glaube, dieser Ort müßte so sein,
daß alles von der Zelle her kommt.
Die Zelle müßte der Kapelle ihren Sinn geben,
sie enthält das Recht auf Zurückgezogenheit,
aus ihr entwickeln sich die Arbeitsstätten."

Ein anderer Student aus Indien
(mit ebenso transzendierendem Denken begabt) sagte,
„auch ich bin der Meinung, daß das Refektorium der Kapelle
gleichrangig sein muß und die Kapelle der Zelle und die Klausur
dem Refektorium. Keins bedeutet mehr als das andere."
Der begabteste meiner Studenten war ein Engländer,
er legte einen wunderbaren Entwurf vor,
dem er noch ein anderes Element hinzugefügt hatte,
eine Feuerstelle, draußen.
Er glaubte, nicht auf die Bedeutung des Feuers
verzichten zu können, auf seine Wärme, seine Verheißung...
Wir luden einen Mönch aus Pittsburgh ein, der uns sagen sollte,
wie wundervoll unsere Ideen seien.
Er war ein heiterer Mönch,
ein Maler mit einem großen Atelier, der seine Zelle nur selten betrat.
Der lachte über alle unsere Ideen,
besonders über das Refektorium, 800 Meter vom Kloster entfernt.
Er sagte, „da möchte ich lieber das Essen ans Bett gebracht haben!"
Und ging.
Wir waren ganz niedergeschlagen danach,
aber dann dachten wir,
„Na ja, der ist bloß ein Mönch, der weiß es auch nicht besser."
Wir arbeiteten weiter an dem Problem,
und es gab wunderbare Lösungen.
Ich sage Euch, es war höchst befriedigend,
daß die Lösungen nicht einfach ein totes Programm
mit soundsoviel Quadratmetern erfüllten.
Die gängigen Vorschriften für ein Refektorium
und andere Räume hatten wir außer acht gelassen.
Zur Jurysitzung kam Pater Roland und unterstützte
mit Nachdruck unsere ausgefallensten Entwürfe.
Und das vorgeschriebene Programm war tot.
In dem ursprünglichen Programm war kein Platz für eine neue Idee,
es war ohne Lebenskraft.
Aber diese Studenten waren hellbegeistert.
Jeder hatte eine andere Lösung gefunden,
und alle hatten ein Gefühl
von neuem Leben, neuen Elementen.
Ich kann das nicht alles beschreiben,
aber was begonnen hatte als bloße Überprüfung des Vorgegebenen,
trug in sich die Kraft eines neuen Anfangs, mit neuen Entdeckungen
für unsere Zeit heute.

Eine andere Aufgabe, die ich an der Universität
stellte, war ein Jugendclub. Das ist heutzutage
eine recht interessante Sache.
Was ist ein Jugendclub?
Irgendwie schien es nötig, zuerst den *Standort* zu definieren,
und die Studenten dachten,
daß es fabelhaft wäre, in der Umgebung des Clubs
ein paar Straßen für den Durchgangsverkehr zu sperren
und so den Straßen zu neuem Leben zu verhelfen.
Aus Kreuzungen wurden kleine Plätze,
durch einfache Neuordnung wurden Straßen
wieder Orte, um sich darin aufzuhalten
und zu spielen, so wie es früher mal war.
Ich erinnere mich, als ich ein Junge war,
haben wir unsere Fußbälle aus den Fenstern
im ersten Stock geworfen. Wir sind nie
auf einen Spielplatz gegangen, unser Spielplatz war überall.
Spielen war selbstverständlich, nie organisiert.
Bei unseren Gesprächen über den Jugendclub
sagte ein Student „Ich glaube, ein Jugendclub ist eine Scheune."
Ein anderer, ein bißchen bekümmert,
weil ihm die Scheune nicht eingefallen war, sagte, „nein, eine Hütte"
(das war natürlich kein bedeutender Beitrag).
Dieser Gabor nun, der auch in der Klasse war,
sagt nie was, wenn er nicht gefragt wird.
Als wir schon drei Wochen lang über den Jugendclub
geredet hatten, fragte ich ihn,
„Was denkst Du, was ein Jugendclub ist?"
Er sagte, „Ich glaube es ist ein Ort,
von dem man kommt, es ist kein Ort,
zu dem man hingeht. An den man denkt als einen Ort,
von dem man herkommt, nicht, zu dem man hinwill."
Es ist ungeheuer, wenn wir an das weiße Licht
denken und an den schwarzen Schatten.
Warum diese Revolution? Sie geschieht,
weil die Menschen konfrontiert werden mit Dingen,
die sie plötzlich zweifeln lassen an ihren eigenen Institutionen.
Die Revolution wird noch viele wunderbare Dinge hervorbringen
oder einfach eine neue Sicht auf die Dinge.
Ist eine Schule ein Ort, zu dem man geht,
oder ein Ort, von dem man kommt?
Mit dieser Frage bin ich noch nicht ganz im reinen,

aber es ist eine schwerwiegende Frage.
Wenn man eine Schule plant, sagt man dann:
sie wird sieben Seminarräume haben –
oder sagt man: das wird ein Ort sein, der inspiriert,
an dem man reden kann und mit andern ins Reden kommt?
Könnte es da Räume geben mit einem Kamin
oder eine breite Galerie statt eines Korridors?
Die Galerie ist der eigentliche Klassenraum,
wo derjenige, der dem Lehrer nicht folgen kann,
mit einem anderen Jugendlichen reden kann,
der auf andere Weise zuhören kann,
und sie würden dann beide verstehen.
Das Kloster, an dem ich arbeite, hat als Eingang ein Tor.
Sein Schmuck lädt alle Religionen ein,
das ist etwas ganz Neues.
Aber Platz dafür gibt es nur am Tor,
weil die Heiligkeit des Klosters gewahrt werden muß.
Im Salk Institut für Biologische Studien
kam Paul Salk zu mir mit der Bitte, ein Labor zu entwerfen.
Das Programm war ganz einfach.
Er fragte: „Wie groß ist die Fläche
der Medizinischen Institute in den Türmen der Pennsylvania-Universität?"
Ich antwortete „10 000 Quadratmeter".
Er sagte „Es gibt etwas, was ich gern erreichen würde.
Ich möchte Picasso in mein Laboratorium einladen."
Er dachte daran, daß in den Wissenschaften,
die es mit Meßverfahren zu tun haben,
jedes noch so kleine Lebewesen identisch ist mit sich selbst.
Die Mikrobe will (aus unerfindlichem Grund) bloß Mikrobe sein,
wie die Rose nur eine Rose
und der Mensch ein Mensch, der sich verwirklicht.
Ein bestimmter Hang, eine Haltung, ein bestimmtes Etwas,
das in eine Richtung strebt statt in eine andere,
wirkt beständig auf die Natur ein,
um die Instrumente hervorzubringen,
die das möglich machen.
Diesen starken Wunsch nach Ausdruck empfand Salk, der Forscher.
Der Wissenschaftler, von aller Welt isoliert,
braucht mehr als jeder andere jenes Unmeßbare,
das in das Reich der Künste gehört. Es ist die Sprache Gottes.
Die Wissenschaft findet das, was es gibt,
aber der Künstler macht etwas, das es noch nicht gibt.

Diese Überlegungen veränderten das Salk Institut völlig.
Aus einem nüchternen Bau wie in Pennsylvania
wurde ein Haus, in dem der Ort der Begegnung
genauso groß ist wie das Laboratorium.
Es ist Raum für die Kunst,
das heißt, für Künste und Literatur,
es ist Raum zum Essen, denn ich kenne kein größeres
Seminar als den Speisesaal.
Und es gibt eine Sporthalle.
Es gibt einen Raum für diejenigen, die nicht wissenschaftlich arbeiten,
und einen für den Direktor,
es gibt Räume ohne Namen, wie die Eingangshalle,
die der größte Raum ist. Sie hat keine besonderen Merkmale;
denn sie ist nicht bloß zum Durchgehen da,
man kann darin umherschlendern
oder ein Bankett veranstalten, wenn man will.
Jeder kennt das Gefühl, das man hat, wenn man einen
großen Festsaal betritt, in dem man Leute begrüßen muß,
die man nicht sehen will.
So geht es den Wissenschaftlern. Sie sind immer in Angst,
daß jemand, ganz in der Nähe, dasselbe tun könne wie sie.
Das bringt sie um.
Alle solche Vorhaben und Überlegungen sind das,
was ich Programmierung nenne.
Aber Programmierung ist ein zu simples Wort.
Es geht ja um das Erfassen des Wesens von Räumen,
in denen man bestimmte Dinge gut machen kann.
Jetzt werdet ihr sagen, manche Räume sollten aber veränderbar sein.
Natürlich gibt es Räume, die man verändern können muß,
aber manche sollten eben überhaupt nicht veränderbar sein,
sondern schiere Inspiration.
Sie sollen Orte sein, die sich niemals verwandeln,
außer durch die Menschen, die ein und aus gehen.
Es ist die Art Orte, die man oftmals betritt und wieder verläßt
und von denen man sagt, fünfzig Jahre später vielleicht,
„Hast Du das dort bemerkt, oder das?"
Es ist das erregende Ganze, das anrührt,
nicht bloß das Detail, ein winziger Einfall.
Es ist wie ein Stück Himmel, ein Erlebnis vielfältigen Raums.
Das ist mir sehr wichtig.
Ein Bauwerk ist eine Welt in einer Welt.
Gebäude, die als Orte der Anbetung,

dem Zuhausesein oder der menschlichen Arbeit dienen,
müssen dieser ihrer Natur getreu sein.
Dieser Gedanke muß leben; stirbt er, so stirbt auch die Architektur.
Viele hoffen, daß die Architektur tot sei,
weil sie sich auf ihrem Feld breitmachen wollen.
Aber ich fürchte, sie haben nicht die entsprechenden Fähigkeiten.
Sehr viele Menschen sind heute geneigt,
zu viel Vertrauen in die Maschine zu setzen.
Sie sollten aber die Maschine niemals vor die Architektur stellen,
denn sie ist die größte Macht, die sie haben.
Sonst werden wir bald eine Stadt haben ohne Architektur.
Und das wird keine Stadt sein.
Ich glaube, es gibt
noch viele unerforschte Bereiche in der Planung.
Wenn der Architekt sie verantwortet, wird alles gut.
Jedenfalls aber gilt es, noch unerkannte
Architekturen für die Stadt zu ergründen,
die Architektur der Versorgung zum Beispiel.
Wozu brauchen wir entlegene Reservoire?
Wozu so überlange Wege?
Warum gibt es keine Punkte, wo die Bewegung anhält,
um Kontinuität sichtbar zu machen?
Während wir um anderes noch nicht so besorgt sein müssen,
verlangt die Wasserversorgung unsere höchste Aufmerksamkeit.
Wasser wird immer kostbarer.
Es muß eine Ordnung für das Wasser geben,
das Wasser im Brunnen oder das in der Klimaanlage
muß nicht dasselbe sein, wie das, was wir trinken.
Ich soll eine Stadt in Indien bauen, sagt man mir,
und ich denke, die bedeutendste Architektur dort
werden die Wassertürme sein.
Die werden zentral bei den kommunalen Einrichtungen
gebaut und wahrscheinlich auch an Straßenkreuzungen.
Dort sollen auch die Polizeistation und die Feuerwache sein.
Diese Orte sind nicht wirklich Gebäude,
sie sind nur eine Erweiterung der Straße.
Die Bewegung beschleunigt sich bis zu der des Fliegens.
Meine Kreuzung könnte der Ort sein, an dem man sein Flugzeug erreicht.
Ich denke, Eero Saarinens Entwurf für den Dulles Airport
ist eine wunderbare Lösung für einen Ankunftsort.
Vielleicht ist der Verkehr nicht der gleiche wie auf der Straße, weil
er anderen Regeln gehorcht, aber hier wird das Gefühl vermittelt,

daß man ankommt und daß man alles bekommt, was dazugehört
und daß das Vehikel, das man benutzt, diesem Zweck entspricht.
Dulles Airport ist allen Flughäfen weit überlegen,
die eigene kleine Gebäude für jede Gesellschaft vorhalten.
In diesen Flughäfen fühlt man sich wie in einer Falle.
Es ist geradezu eine Verschwörung.
Sie tun dem Menschen nicht wohl, er fühlt sich hilflos.
Er wäre lieber woanders.
An jenem Nachmittag haben wir noch über die drei Aspekte
der Architekturlehre gesprochen.
(Allerdings glaube ich nicht, daß ich wirklich Architektur lehre,
sondern immer wieder nur mich selbst.)
Aber dies jedenfalls sind die drei Aspekte:
Der erste Aspekt ist der *professionelle*.
Der Beruf bedeutet Verpflichtung;
man muß eine Haltung entwickeln,
in institutionellen Beziehungen wie in denen zu Menschen,
die vertrauensvoll einen Auftrag erteilen.
Dazu müssen wir den Unterschied kennen
zwischen Wissenschaft und Technologie.
Und die Regeln der Ästhetik.
Man muß das Programm des Auftraggebers übersetzen können
in die Räume der Instituion, der das Gebäude dienen soll.
Man kann sagen, es ist die räumliche Ordnung
oder der Bereich menschlicher Aktivität,
die unsere berufliche Verantwortung ausmachen.
Aber man darf das Programm des Auftraggebers
nicht einfach befolgen wie eine ärztliche Verordnung.
Ein anderer Aspekt der Lehre ist die Gestaltung.
Sie ist unser Privileg.
Hierzu gehört: die Bedeutung der Philosophie,
die Bedeutung des Glaubens, der Treue zur Sache.
Man muß auch die anderen Künste kennen.
Ich benutze hier Beispiele,
die ich vielleicht schon zu oft wiederholt habe.
Aber: der Architekt muß seine Privilegien kennen. Er muß wissen,
ein Maler darf den Menschen auf den Kopf stellen,
wenn er das will, weil der Maler
frei ist von den Gesetzen der Statik.
Der Maler kann die Türen kleiner machen als die Menschen, er kann
den Himmel am Tage schwarz malen. Er kann
Vögel malen, die nicht fliegen können und Hunde,

die nicht laufen; denn er ist ein Maler.
Er kann Rot malen, wo er blau sieht.
Ein Bildhauer kann eine Kanone mit quadratischen Rädern versehen,
um der Sinnlosigkeit des Krieges Ausdruck zu geben.
Ein Architekt muß runde Räder nehmen,
und seine Türen müssen höher sein als die Menschen,
die hindurchgehen.
Architekten müssen wissen, daß sie andere Rechte haben...
ihre eigenen Rechte.
Wenn er das lernt und versteht, hat der Mensch die Möglichkeit,
Unglaubliches zu leisten, etwas, das die Natur nicht leisten kann.
Dieses Instrumentarium verleiht ihm psychische Kräfte,
nicht nur physische, denn der Mensch,
ungleich der Natur, kann *wählen*.
Der dritte Aspekt der Lehre ist,
daß Architektur als solche nicht existiert.
Nur Werke der Architektur existieren.
Architektur ist eine geistige Vorstellung.
Ein Mensch, der ein Werk der Architektur
vollbringt, widmet es der Idee von Architektur,
die nicht Technik, noch Stil, noch Methode ist.
Die nur wartet, um sich zu zeigen.
Sie ist Architektur, sie ist die Verkörperung des Unmeßbaren.
Kann man den Parthenon messen?
Nein, es wäre Mord.
Und das Pantheon, dieses wunderbare Gebäude,
das das Verlangen der Menschen erfüllt,
kann man das messen?
Als Hadrian an das Pantheon dachte,
wollte er einen Ort, an den jeder kommen könnte, um zu beten.
Wie wundersam ist die Lösung.
Es ist ein ungerichtetes Bauwerk,
nicht einmal ein Quadrat,
das irgendwie über die Ecken in Richtungen wiese.
Man kann nicht sagen, hier ist der Altar, oder dort. Nein.
Dem Licht von oben her kannst Du nicht nahe kommen.
Du kannst nur darunter stehen;
es schneidet Dich, fast wie ein Messer... Du möchtest fern bleiben.
Was für eine überwältigende architektonische Lösung. Es sollte
für alle Architekten eine Inspiration sein,
ein solches Bauwerk, eine solche Konzeption.

Louis Kahn:
Erklärung als
Annäherung in
winzigen Schritten.

alle vier Fotos:
Berko, Asten C.O.

Was wird Architektur in fünfzig Jahren sein, was können wir voraussehen und voraussagen?

Voraussagen kann man nichts. Ich erinnere mich:
seinerzeit lud General Electrics mich zur Mitarbeit
an einem Entwurf für die Raumfahrt ein,
und ich wurde deshalb vom FBI überprüft.
Ich hatte damals alle Hände voll zu tun,
aber ich hatte auch etwas zur Raumfahrt zu sagen.
Also traf ich eine Gruppe von Wissenschaftlern
an einem sehr langen Tisch, ein farbiges Völkchen
mit Tabakpfeifen und angegrauten Schnurrbärten.
Eine ganz eigene Sorte von Leuten, in keinerlei Hinsicht alltäglich.
Einer legte ein Bild auf den Tisch, und er sagte, „Mr. Kahn, hier zeigen
wir Ihnen ein Raumschiff, wie es in fünfzig Jahren aussehen wird."
Es war eine brillante Zeichnung, sehr schön, mit im Weltraum treibenden
Menschen und einem sehr hübschen und kompliziert aussehenden
Instrument, das auch im Weltraum dahintrieb.
Man kann sich vorstellen, wie einschüchternd das war.
Da ist ein Kerl, der was weiß, was man selber nicht weiß,
und dieser helle Kopf zeigt einem etwas und sagt,
„So wird ein Raumschiff in fünfzig Jahren aussehen."
Ich sagte sofort: „So wird es nicht aussehen."
Da rückten sie ihre Stühle näher zum Tisch
und sagten, „Wie können Sie das wissen?"
Und ich sagte, das sei ganz einfach.
Wenn man heute weiß, wie ein Ding in fünfzig Jahren
aussehen wird, dann kann man es heute machen. Aber man weiß es
eben nicht; denn in fünfzig Jahren wird ein Ding so sein,
wie es dann sein wird.
Es gibt bestimmte Wesenszüge, die immer wahr sein werden.
Nicht das Aussehen wird dasselbe sein,
sondern das, worauf das Ding antworten muß.
Es ist immer eine Welt in einer Welt, und so wird es immer sein.
Bei einer Hülle wird das Innere immer anders sein als das Äußere.
So ist ihre Natur. Ich glaube, daß es heute Menschen gibt,
die fähig wären, das Aussehen der Dinge ganz zu verändern,
wenn sie nur Gelegenheit dazu hätten. Aber
die Gelegenheit bietet sich nicht, weil Zeit und Wille noch nicht reif sind.
Nehmen wir die Zeichnungen von Ledoux, sie sind sehr interessant.
Ledoux hatte eine Ahnung, wie eine Stadt
aussehen sollte, und er zeichnete sie auf.

Gespräche mit Studenten

Das ist noch gar nicht so lange her.
Aber heute sehen Städte so nicht aus,
er zeichnete nur eine Vorstellung von Stadt.
Wenn man darangeht,
ein Stück Zukunft zu entwerfen,
dann wird es sich vielleicht als ein amüsantes Stück
Geschichte erweisen, weil es nur das sein wird,
was wir heute erdenken können.
Auch heute gibt es Leute, die sich eine Vorstellung machen können.
Das ist es, was man heute tun kann.
Was morgen sein wird, kann man nicht heute tun,
weil Morgen sich nicht voraussagen läßt,
denn die Zukunft hängt von Umständen ab, und Umstände
sind unvorhersehbar und
verändern sich ständig.
Das Geheimnis der Kunst von Cartier-Bresson ist,
daß er Ausschau hält nach dem
kritischen Augenblick.
Das heißt, daß er für Situationen,
die zugleich veränderlich und unvorhersehbar sind,
den Schauplatz vorbereitet.
Er weiß, was dort geschehen wird,
und er wartet darauf, wartet und wartet.
Ich erinnere mich, wie vor Jahren,
als er mich fotografierte,
ich manchmal das Atelier betrat, ohne zu wissen,
daß er da war. Er war irgendwo in einer Ecke, vielleicht
schon seit Stunden, während ich nicht wußte,
daß er mich erwartete. Ich ging meist im Raum umher,
während er darauf wartete, daß ich stehenbleiben würde.
Und ich blieb stehen, weil da ein schönes chinesisches Mädchen
vor einem Zeichentisch saß. Deshalb.
Und ich ging hin und fing an zu zeichnen
und hörte das Klick-klick der Kamera.
Ihr seht: er war bereit; er wartete auf den richtigen Augenblick,
aber er hatte den Schauplatz dafür vorbereitet.
Er war ein großartiger Fotograf,
er beschäftigte sich mit seiner Aufgabe,
und ich habe sehr viel von ihm gelernt
über die Bedeutung der einen und der anderen Kunst, nur deshalb,
weil ich begriff, daß sich seine Kunst dadurch auszeichnet,
daß er die Umstände wahrzunehmen wußte.

Worauf beziehen Sie sich bei der Lösung Ihrer Probleme?

Ich suche das Wesen der Dinge.
Als ich die Schule entwarf, versuchte ich, sie als „Schule" zu fassen,
nicht als „eine Schule". Da ist zuerst die Frage, worin sich „Schule"
von anderem unterscheidet. Nie nehme ich ein Programm
buchstäblich, weil es durch Umstände bedingt ist.
Wieviel Geld zur Verfügung steht, wo man bauen soll und was man
alles dazu braucht, das hat nichts zu tun mit dem Wesen der Sache
selbst. So sucht man das Wesen zuerst,
und dann läßt man sich ein aufs Programm.
Fragt nach dem Wesen, und dann findet Ihr im Programm,
was Ihr braucht, eine Bibliothek, vielleicht,...
Also müßt Ihr zuerst das Programm neu verfassen,
mit einer eigenen Interpretation, ohne die Euer Programm
nichts bedeuten würde. Denn wir operieren
mit Räumen. Und wir antworten mit Entwürfen,
die unsere Gedanken über das Wesen der Sache enthalten.
Immer ergeben sich dabei mehr Räume, denn ein Programm,
von einem Nicht-Architekten verfaßt,
pflegt eine andere Schule
oder irgendein anderes Gebäude zu kopieren.
Das ist, als schriebe man an Picasso,
„Ich hätte gern ein Portrait von mir...
es soll zwei Augen haben...
und eine Nase...
und, bitte, nur einen Mund."
Das kann man nicht tun. Das ist nicht die Sache
des Künstlers. Das Wesen der Malerei ist so,
daß man den Himmel schwarz malen kann, auch am Tag,
und ein rotes Kleid blau,
und Türen kleiner als Menschen.
Der Maler hat die Privilegien des Malers.
Wer eine Fotografie will, gehe zum Fotografen.
Wer einen Architekten beauftragt, hat es mit Räumen zu tun...
mit inspirierten Räumen...
und deshalb muß man die Institutionen der Menschen in ihrem Wesen
neu überdenken, weil sie neue Aktivitäten ermöglichen
und befruchten sollen.
Ich sehe in einer Schule, in einem Verwaltungsbau,
in einer Kirche, einer Fabrik oder einem Krankenhaus
die Institutionen der Menschen.

Beginnen Sie die Analyse einer Baustelle, auf der eines Ihrer Gebäude stehen soll, auf die gleiche Weise, das heißt, dadurch, daß Sie versuchen, das Wesen der Umgebung zu erfassen?

Sehr oft muß der Charakter, das Wesen, schon deshalb
erfaßt werden, weil es einfach da ist. Es ist nicht möglich,
ein Gebäude einfach abzustellen, ohne sich beeinflussen zu lassen
von dem, was es umgibt.
Es gibt immer ein Verhältnis von einem zum anderen.

Wie entstand der Entwurf für Dakar?

Das ist eine schwierige Frage, denn da ich fünf oder sechs
verschiedene Gebäude entwarf und verwarf,
hatte ich fünf oder sechs verschiedene Ideen.
Aber es geht darum, ein bestimmendes Element herauszufinden.
Hier kam die Anregung von der Versammlungshalle.
Sie ist die Halle der Legislative, ein transzendentaler Raum der Politik.
In einem Haus der Gesetzgebung wird man konfrontiert
mit wechselnden Bedingungen.
Die Legislative entwirft oder verändert
die Institutionen der Menschen. Deshalb war mir die Aufgabe
von Anfang an klar: eine Zitadelle der gesetzgebenden Versammlung
und eine Zitadelle mit den Institutionen der Menschen
stehen einander gegenüber.
Und ich symbolisierte die Institutionen der Menschen.
Ich hatte zuvor schon an solchen Symbolisierungen gearbeitet,
beim Entwurf für eine Architekturschule,
einer Schule für die Künste *und* für die Wissenschaften.
Das sind ganz verschiedene Disziplinen, obwohl sie beide
vom Menschen gemacht sind,
die eine ist völlig objektiv, die andere völlig subjektiv.
Es gibt andere Bauten, die für den Menschen da sind,
die seinem Körper dienen,
in denen er ihn mehr und mehr spürt,
und ihn zu schätzen lernt als sein allerkostbarstes Instrument.
Mein Entwurf für Dakar verdankt sich in freier Interpretation
den Thermen des Caracalla. Die Wohnbauten
formen ein Amphitheater, einen bekannten Raum, einen Hof.
Darum sind Gärten. Und im Bauwerk des Amphitheaters selbst
sind Innenräume, und zu den Innenräumen
gehören wiederum Gärten.

Es gibt dort Räume für besondere sportliche Qualifikation
und andere, die dem Studium und der Bildung des Körpers dienen.
Alle diese sind Orte des Wohlbefindens, Räume,
die der Erholung dienen und die Kunst des ewigen Lebens lehren...
Sie haben meinen Entwurf inspiriert.
Ich machte aus der Moschee einen Eingang.
Damit bestimmte ich ihr Wesen,
denn ich hatte bemerkt, daß die Menschen dort
fünfmal am Tag kamen, um zu beten.
Im Programm forderte man einen Gebetsraum von
rund 300 Quadratmetern
und einen Schrank für die Gebetsteppiche.
So sah das Programm es vor.
Ich entwarf eine Moschee, 3000 Quadratmeter groß,
in der die Gebetsteppiche auf dem Boden liegen bleiben,
und diese Moschee war der Eingang.
Als ich diesen Entwurf den Auftraggebern
vorlegte, akzeptierten sie ihn sofort.

Glauben Sie, daß bei großen städtebaulichen Aufgaben, wo fünf oder sechs Architekten Teilbereiche bearbeiten, es für den Architekten überhaupt noch sinnvoll sein kann, das innere Wesen zu suchen und ihm Ausdruck zu verleihen, während der große Maßstab eher nach der äußeren Ordnung verlangt?

Es ist immer das Innere, das den Außenraum rechtfertigt.
Selbst wenn man der städtischen Versorgung
einen Teil des Außenraums überläßt.
Ich glaube, am besten wird es,
wenn man es einem einzigen Menschen anvertraut.
Ich glaube nicht, daß ein Komitee das Wesen erfaßt;
ein einzelner kann es.
Was dieser eine zu tun hat, ist nicht eigentlich der Entwurf.
Er programmiert ihn nur, wenn man so will,
er bestimmt sein Wesen.
Er kann das tun ohne zu bauen.
Aber wenn man die Dinge trennt,
ohne ihr Wesen vorher zu bestimmen,
bleibt nichts, was die Gebäude zusammenhält.
Ein Gebäude mag physisch zusammenhalten,
aber wenn es ohne geistigen Halt ist,
kann es im Lauf der Zeit nicht bestehen.

Ein Beispiel: Denken wir an die Stadtplanungsbehörde
im Rathaus. Schon beim Eintritt sollte sich zeigen,
was die Stadt an Versprechen enthält.
Da könnte eine große Halle ein, in der
die Stadt ihre Vorstellungen den Bürgern vor Augen führt.
Hielte man sich nur an das Raumprogramm,
dann wäre ein Rathaus nichts anderes
als ein bloßes Verwaltungsgebäude.
Das wäre ein großer Verlust.
Auch hier geht es um das Wesen,
um Inspiration, und um den Ausdruck dessen,
woran wir glauben, und das wir ausdrücken ohne Furcht.
Wir versuchen, etwas auszusagen, das mehr ist als ein Fahrstuhl,
ein Vorraum, eine Tür mit dem Schild „Stadtplanungsabteilung",
mehr als ein Amtsschreibtisch und ein Spucknapf.
Wenn man „Stadt" denkt, beschwört man ein Reich aus Räumen;
denn die Stadt ist wie eine Schatztruhe voller Räume.
Glauben Sie, man kann sie einem Komitee überlassen? Nein.
Einige vermögen so zu denken, andere aber nicht.
Es kann nicht in einem Komitee getan werden,
man würde Euch überstimmen. Ihr würdet überstimmt
von jeder beliebigen Person.
„Dies hier ist unnötig... das zu teuer", so in der Art.
Die Gruppe verhindert die Entfaltung einer Kraft.
Ein Mann, nicht eine Gruppe,
kann das Wesen der verschiedenen menschlichen Institutionen,
die nach Ausdruck verlangen, sichtbar machen.
Deshalb muß es die Arbeit *eines* Mannes sein,
der es zum Leben bringt. Dann werden wir wissen,
welchen Wert es hat und welchen nicht.
Und es wird zum Ausdruck von Gesellschaft,
weil Aussage möglich war.
Und daher kommt auch Erneuerung.
Und daraus wiederum definiert sich Gesellschaft.
Aus der Gesellschaft kommen nur Festlegungen.

Form und Entwurf – erzeugt eines das andere?

Form hat weder Gestalt noch Dimension,
Form hat ein Wesen, etwas Charakteristisches,
Form hat untrennbare Teile.
Nimmt man ein Teil weg, wird die Form zerstört.

Das ist es, was Form ist.
Der Entwurf bringt die Form zum Leben.
Form ist existent, aber nicht präsent,
und der Entwurf macht sie präsent.
Was existiert, hat geistige Gegenwart,
und der Entwurf macht die Dinge berührbar.
Wenn man eine Strukturzeichnung machen kann,
die das Wesen der Sache enthält, dann läßt es sich zeigen.
Als ich gefragt wurde, wie ich wohl eine Unitarische Kirche
bauen würde, ging ich einfach in die Versammlung der Bauherrn
und sagte es ihnen, ohne auch nur eine einzige
solche Kirche zu kennen.
Ich machte keine architektonische Zeichnung,
ich machte eine Strukturzeichnung, eine Zeichnung,
die sagt, das soll es sein und dieses nicht.
Ich kann Ihnen eine solche Zeichnung zeigen.
Und dann sagte ich nur noch, dieses hier
wird der Chorumgang, dies der Korridor, das die Schule.

Könnten Sie etwas zur Ausbildung des Architekten sagen? Wie bringt man Handwerk und Gestaltung zusammen?
Wenn Sie für die Grundausbildung verantwortlich wären, wie würden Sie das Studium beginnen lassen?

Ich glaube, ein Weg ist so gut wie der andere,
ja, so würde ich antworten. Wir haben doch
eine professionelle Verantwortung für jede Art von Gebäude,
denn wir haben es mit Menschen aller Art
und Interessen aller Art zu tun.
Wir haben die Verantwortung für das Geld,
dafür, daß die Bauherren ihre Kosten wissen und ihre
Rechnungen bezahlen können. Wir haben die Verantwortung für
besondere Raumanforderungen und dies alles.
Alle diese Verantwortlichkeiten muß man kennen
und wissen, wie man sie unter Kontrolle hält.
Es geht um Loyalität, so daß der Bauherr alles erhält,
wofür er bezahlt.
Wir haben einen Beruf, aber auf der anderen Seite
steht der Mensch und seine Vorstellungsgabe.
Um den Menschen zu erziehen, begeben wir uns
in das Reich der Philosophie,
auf das Gebiet des Glaubens, auf das Gebiet der anderen Künste.

Die Formen sind da…, aber das ist noch nicht die Form,
das ist nur die Vorbereitung für das, was wir wissen müssen.
Unsere Verantwortung ist die eines Mannes, der mit einem Werk
betraut ist, das an die Interessen anderer Menschen rührt.
Denn ein Architekt ist niemand, der sich
aus seiner eigenen Tasche ernährt.
Und dann müßt Ihr noch bedenken, daß es gilt,
das richtige Programm zu finden. Das, was wir über das Wesen
der Dinge gesagt haben, das wird hier zu einem Teil
der Professionalität. Der Architekt muß das Wesen
eines Gebäudes so bestimmen, daß es eine Form
menschlicher Tätigkeit zum Ausdruck bringt.
Wenn ich ein Komponist wäre und der erste,
der den Walzer erfand, so würde der Walzer dennoch
nicht mein eigen sein. Denn jeder kann einen Walzer schreiben.
Ich hätte nichts anderes getan, als ein Musikstück
im Dreivierteltakt anzulegen. Könnte das bedeuten,
mir gehöre der Walzer?
Nein, der Walzer gehört mir nicht.
Genausowenig wie dem Mann, der den Sauerstoff entdeckte,
der Sauerstoff gehört.
Es ist doch ganz einfach nur so, daß hier einer eine besondere
Form gefunden hat. Und einer, der professionell ist,
sollte in der Lage sein, besondere Formen zu finden.
Unser Beruf ist schäbig, wenn wir die Programme nicht ändern.
Aber wenn wir die Programme verändern,
werden ungeahnte Kräfte frei; denn ein einzelner
macht niemals den Fehler, etwas zu erfinden,
das nur ihm Freude macht.
Man will die Gesellschaft erfreuen durch ein neues Programm,
nicht durch die Art, wie man sein Allerweltshaus hinbaut.
Der Architekt übt sich darin, etwas auszusagen, das wahr ist.
Das ist die Idee der Architektur, die besagt,
daß Architektur nicht aus sich existiert.
Sie hat nicht Stil, nicht Methode, so spricht die Idee,
sondern sie ist zu allem bereit,
und so muß der Mensch bereit sein,
ihr in aller Bescheidenheit etwas zu offerieren.
Ein Architekt ist ein Teil in der Schatztruhe der Architektur,
zu der der Parthenon gehört,
zu der das Pantheon gehört,
zu der die großen Bildungsbauten der Renaissance gehören,

all dies gehört zur Architektur, bereichert sie,
all dies sind Angebote an die Architektur,
so müssen Sie das sehen.
Das, denke ich, ist die Grundlage des Lehrens,
ob es sich um Entwerfen handelt oder Malerei oder Skulptur.
Gleichgültig, was Sie tun, es handelt sich um
Ihre persönliche Aussage, beileibe nicht nur um Technik.
Es geht um die Neudefinition der Programme,
damit Architektur sich neu entdecken läßt.
Es geht nicht um die Verteilung von Räumen. Bei der Verteilung
von Räumen gibt es nichts, was wirklich vom Architekten kommt,
auch wenn er am Bau beteiligt ist. Er ist dann nicht mehr
als derjenige, der eine saubere Leistungsbeschreibung
zustande bringt.
Das macht ihn noch lange nicht zu einem guten Architekten.
Es macht ihn zu einem Professionellen, nicht wahr,
aber doch nicht zu einem guten Architekten.
In jeder Schule, in der diese Unterscheidung klar wird,
werden die Methoden ebenso klar sein.

*Beim Programm für unsere Architekturschule in Rice fanden wir, daß bestimmte Räume wie die Dia-Sammlung, die Vorlesungssäle und die Abteilung für Kunstgeschichte eine Brücke zur Malerei, Skulptur und den Grafischen Künsten bilden könnten. Wir meinten, daß diese Brücke die Gestalt des Gebäudes beeinflussen und einen Austausch bewirken könne, der für den Prozeß der Ausbildung wichtig ist.
Könnten wir dies diskutieren und dabei vielleicht erörtern, was Sie in der Ausbildung des Architekten für wichtig halten?*

Ich kann hier nicht über spezielle Probleme sprechen,
aber ich kann über Gebäude allgemein sprechen und über das,
was ihre Besonderheit ausmacht.
Was Ihr über diese Brücke sagt und über die Möglichkeiten
einer Beziehung zwischen verschiedenen Abteilungen, scheint mir
sehr interessant, aber das kann ich nicht schnell abmachen,
darüber muß ich nachdenken,
um Euren Überlegungen gerecht zu werden.
Nehmen wir an, Ihr habt eine Art weiten Flur,
oder eine Galerie, die die Abteilungen der Bildenden Künste,
der Geschichte, der Plastik, der Malerei und der Architektur erschließt,
und beim Hindurchgehen
sieht man in allen Räumen die Menschen bei der Arbeit.

Gespräche mit Studenten

Diese Galerie wäre so entworfen, daß
die Arbeit der Menschen immer gegenwärtig ist. Nun stelle ich mir
eine andere Möglichkeit vor,
zum Beispiel einen Hof. Man betritt diesen Hof
und sieht Gebäude im Hof,
eines für die Malerei,
ein anderes für die Skulptur, eines für die Architektur,
eins für Geschichte, eines enthält die Vorlesungsräume
und weist mich ab, wieder ein anderes lädt mich ein hineinzugehen.
Nun, ohne zu fragen, was besser ist, was unfair wäre,
will ich Euch doch sagen, was ich selbst
für die bessere Lösung halte.
Ich meine, daß die zweite bei weitem die bessere ist.
In Räumen, die man durchquert,
wird man einbezogen wie durch Osmose...
und sieht viele verschiedene Dinge.
Man kann entscheiden, wohin man geht,
und selbst wenn man es niemals tut,
wird man mehr gewinnen als bei der anderen Lösung.
Das hat etwas mit Assoziation zu tun,
eher mittelbar als unmittelbar, die mittelbare Assoziation
wirkt länger fort und hat etwas von Liebe.
Das ist der Hof. Der Hof ist Treffpunkt der Gedanken,
ebenso wie ein realer Treffpunkt.
Selbst wenn man ihn im Regen durchquert,
sind die gedanklichen Beziehungen wichtiger
als die realen Verbindungen.
So habe ich mir die Frage gestellt und, wie ich hoffe,
auch beantwortet. Das ist die beste Art einer Prüfung,
die ich kenne, man erhält die beste Note und alles...
Wir denken an eine Brücke, wir erfinden sie,
diese Brücke ist nicht wirklich,
sie ist geistig; das bestimmt langfristig ihre Qualität.
Nun gibt es natürlich noch andere Aspekte.
Wir brauchen nicht zu glauben, daß jeder Lehrende
wirklich ein Lehrer ist, vielleicht ist er das nur dem Namen nach.
Man darf sich nicht auf einen eingefrorenen
architektonischen Kanon verlassen,
wenn es gilt, Entlegenes zusammenzuführen.
Man muß auch nicht denken, daß jeder gute Student
ohne weiteres ein erfolgreicher Praktiker wird,
oder daß jeder Lehrer selbstverständlich ein guter Lehrer sein muß.

Einer, der das richtige Gefühl für die Dinge zu entwickeln vermag,
wird sich vielleicht als der beste Lehrer erweisen.
Wir wollen jetzt sehen, aus welchen Elementen
eine Architekturschule besteht und wie sie zusammengehören.
Zu den wichtigsten gehören für mich, da Kunst mit Sehen zu tun hat,
Vision und geistige Vorstellungskraft.
Wahrnehmung geschieht durch Assoziation
und auf andere Weise. Man kann die Augen schließen
und eine philosophische Konstellation sehen.
Man sieht es so, wie man etwas hört.
Etwas Philosophisches kann man sehen...
in der Vorstellung.
Viele Dinge tanzen verführerisch vor unseren Augen
und lähmen unsere geistige Kraft.
Aber andere Dinge, geschaffen vor langer Zeit und mit großer Liebe,
sind bleibende Wunder.
Sehen wir uns jetzt die Bibliothek einer Architekturschule an.
Die Bibliothek ist nicht ein Ort, an dem man
Karteien und Kataloge durchstöbert, um ein Buch zu entdecken.
Mit Katalogen haben Architekten
wenig Geduld, sie verabscheuen in der Regel
den ersten Bauabschnitt, der die Kataloge enthält.
Das wißt Ihr selbst.
Nehmen wir an, wir hätten eine Bibliothek, in der es nur
große Tische gibt, riesige Tische, die zusammen
so etwas wie einen Hof bildeten. Dort
liegen die Bücher. Aufgeschlagen von klugen Bibliothekaren.
Ihre herrlichen Zeichnungen, das Aufmaß wunderbarer Gebäude,
alles liegt ehrfurchtgebietend vor unseren Augen.
Wenn ein Lehrer über diese Bücher sprechen könnte...
sofort entsteht ein Seminar..., das wäre wunderbar.
Und so hätten wir eine Bibliothek, die nur lange Tische hat
und an den Seiten viel Platz, um mit Papier und Bleistift zu arbeiten.
Die Bücher in der Mitte.
Man kann sie durchsehen, aber nicht mitnehmen.
Sie sind einfach da, um einzuladen zur Lektion in der Bibliothek. [...]
Ich glaube jedes Gebäude braucht einen geheiligten Ort.
Das, was ich einen geheiligten Ort nenne,
fand ich beim Entwerfen für ein Theater in Fort Wayne, Indiana.
Ich habe mich lange damit beschäftigen müssen,
denn von Theatern wußte ich wenig.
Ich wußte, es müsse Garderoben geben,

Gespräche mit Studenten

aber solange ich mich mit den Einzelheiten
für die Garderoben befaßte, konnte ich die Aufgabe nicht lösen.
Weil ich das geistige Prinzip nicht fand.
Das ging so weit, daß mich die Zahl
der Garderoben nicht mehr interessierte.
Sie konnten hier liegen oder dort
und am Ende haben wir es mit Räumen zu tun, die übrigbleiben,
weil es keine Konzeption für das Theater gibt,
und niemanden, der den Sinn
von diesem und jenem begründen könnte.
Den Geist suchen und finden ist, wie ich glaube,
der Schlüssel zum Reich der Räume,
aus denen ein Theater besteht.
Aber, ohne Sie weiter mit diesem und jenem zu belasten,
will ich Ihnen das Ergebnis beschreiben.
Der geheiligte Ort im Theater ist der Raum des Schauspielers,
die Garderobe, der Probenraum.
Der Garderobe gab ich einen Balkon über der Bühne.
Es entsteht eine Zwiesprache zwischen ihr und der Bühne.
Sobald ich alles zusammen sah,
hatte ich einen geheiligten Ort
und nicht bloß übriggebliebenen Raum.
Die Bühne selbst ist eine Piazza,
und ich habe sie entworfen wie eine Piazza.
Die Zuschauer sehen auf der Bühne Häuser mit Menschen,
die auch auf die Piazza schauen.
Der Orchestergraben wurde so ausgebildet,
daß man dort Sitze aufstellen kann,
und die Vorbühne ist ein halbrunder Platz,
dessen Hintergrund aus den Bühnenbauten besteht.
Man muß es nicht so sehen,
aber man kann es so sehen.
Das war der geheiligte Ort.
Danach war es mir gleichgültig, wie groß das Foyer wurde,
es wurde jedenfalls groß genug.
Es war so wichtig, dies alles herauszufinden,
ohne über den toten Weg gegangen zu sein,
ohne über einen Haufen übriggebliebener Teile zu stolpern.
So wurde es ein wirkliches Bauwerk.
Es war so wichtig, die Idee gefunden zu haben.
Wir fanden des Theaters eigenes, geheiligtes Selbst heraus,
und so kam das Theater zum Leben.

Gespräche mit Studenten

Fotos: William Turner

Es war ein wahrhaftiger Ort, eine Einladung, wenn Sie das verstehen.
Ein Theater ist kein Ort, wo man sagen darf,
„tut uns leid, kein Platz mehr frei".
Es muß immer Platz da sein.
Das sollte für den einfachen Mann am allerwichtigsten sein.
Ein Mann kommt sehr zeitig zum Forum und findet
einen Platz, der eines Königs würdig ist,
aber für den König ist immer Platz,
auch wenn er zu spät kommt.
Wir sind hier, und die Galerie ist da drüben,
und alles hat seine eigene, ihm angemessene Architektur.
Ich habe Bögen aus Backstein benutzt,
und vieles andere, das altmodisch ist, aber einfach herrlich.
Warum sollte ich es nicht nutzen... das Alte?
Was ich hier nutze, ist eine Ordnung, die sich selbst erklärt.
Es ist nicht unecht, und es kostet weniger.
Ich hätte, wenn ich gewollt hätte, das gleiche Theater
aus dem herrlichsten Beton gießen können,
aber das reizte mich nicht.
Was ich wollte, war genau dieses Theater zu bauen,
wenn ich es baue. Ich weiß,
ich habe ein Theater neu erschaffen.
Diese Architektur ist eine Tatsache,
und jetzt, wenn das Licht angeht, ist das Theater vollkommen.
Es ist ein Ganzes geworden,
und daraus besteht der geheiligte Ort.
Was ist der geheiligte Ort in einer Architekturschule?
Es könnte die Eingangshalle sein,
oder ein Raum für öffentliche Versammlungen.
Für eine Reaktion durch andere.
Reaktion auf die eigene Arbeit
bedeutet Bestätigung durch Millionen,
selbst wenn nur wenige anwesend sind.
Dadurch erfährt man, ob das, wofür man einsteht, glaubwürdig ist,
das ist eine ungeheure Erfahrung.
Nennen Sie es den Raum für die Jury, wenn Sie wollen,
aber es ist der Raum, wo man sich begegnet,
wo alle Klassen zusammenkommen, um ihre Erfahrungen
auszutauschen über den Weg, wie ein Gebäude entsteht,
der anfängt auf einem Stück weißen Papier...
Es ist wohl die wertvollste Lektion,
das Urteil anderer zu erfahren.

Gespräche mit Studenten

Vielleicht gibt es heftigen Widerspruch
von Menschen mit anderen Ansichten.
Man muß sich an die Bewertung nicht halten,
Bewertung ist Sache des Lehrers. Ich glaube,
es dürfte auch niemand von außen kommen und
die Arbeit zensieren.
Man würde zuviel von ihm verlangen, er reagiert bloß,
und solche Reaktionen sind keine Noten.
Ich bin gegen Benotungen durch eine Jury. Die Auseinandersetzung
mit einer Arbeit besteht nicht im Zensurenverteilen.
Sie ist kein Tribunal, das wäre das Letzte.
Ein Student darf nicht, zitternd vor Angst,
vor Leuten, die er nicht kennt,
seine Sache vorstellen müssen, an der er die Nacht zuvor,
oder sogar zwei Nächte hindurch, gearbeitet hat.
Er ist empfindlich wie eine Katze,
und er hat sein Bestes gegeben,
deshalb denke ich, daß eine Jury
keine Noten vergeben darf.
In dem Raum, den ich Jury nenne,
sollte man wissen, daß man nicht durchfallen wird,
weil es um eine geistige Auseinandersetzung geht.
Und die Atmosphäre sollte leicht und heiter sein.
Um diesen Raum kann man eine Schule bauen.
Es gibt so viele Räume in der Schule,
und sie können rauhe Wände haben,
man kann sie von oben bis unten vollkleben und
man kann Farbkübel darauf ausleeren, das macht gar nichts;
ein Klassenraum kann aussehen wie ein Jackson Pollock.
Aber wenn Sie in den Raum der Jury kommen, nein.
Hier sollte etwas Wunderbares spürbar sein.
Hier sollte man seinen Tee trinken...,
und es sollte ein freundlicher Raum sein,
zu jeder Zeit.
Es ist ein geheiligter Ort, wissen Sie,
es ist kein Raum, wo man herumsitzt und auf sein Urteil wartet.
Es ist einfach ein großartiger Raum.
Es ist der geheiligte Ort einer Architekturschule.

„Talks with Students" mit Erlaubnis von „Architecture at Rice" Nr. 26, hg. von Peter C. Papademetrion, 1964, S. 1–53.

1931
Über den Wert und die Ziele des Zeichnens

„Es gibt keine guten oder schlechten Sujets, es gibt nur gute oder schlechte Maler", sagt Emile Gaudissard.
Dem Künstler ist alles in der Natur schön. Wen eine Leidenschaft für die Wahrheit gepackt hat, der entdeckt Schönheit in den gewöhnlichsten Dingen. Nur das ungeübte Auge findet Häßliches in der Natur; denn es mißdeutet die philosophischen Wahrheiten, die allem zugrunde liegen. Sujets, die als nichtkünstlerisch galten, sind gleichermaßen entstanden wie jene als wertvoll erachteten Gegenstände. Wir sollten weniger wählerisch sein und mehr zu Entdeckungen bereit.
Wir müssen lernen, den charakteristischen Merkmalen eines Dampfers ebenso hingebungsvoll nachzuspüren wie den Wachstumsformen des Kaktus. Wir sollten einem New Yorker Geschäftshaus die gleiche Unvoreingenommenheit und Achtung entgegenbringen wie einer Kathedrale.
Unsere Aufmerksamkeit gebührt nicht nur den verträumten Gassen des alten Europa, sondern auch den Architektur-Konglomeraten in einer betriebsamen Stadt, sie hat nicht nur dem pompösen Herrenhaus, sondern auch der monotonen Repetition von Reihenhäusern zu gelten. Auf diese Weise werden wir das Wesentliche zu begreifen beginnen und Respekt für die Eigenart selbst jener Dinge empfinden, die anfangs keinerlei Gefühl in uns wachrufen.
Zeichnen ist eine Art von Inszenierung. Es macht keinen Unterschied, ob ein Aquarell kräftig, zart oder flüchtig ist. Wenn es eine Vorstellung vermittelt, hat es Wert. Und je genauer es diese Vorstellung aussagt, um so wertvoller wird unser Aquarell. Ein Freund bat mich, nach einem Besuch im Rodin-Museum, ihm doch zu erklären, was es sei, das an Rodins Zeichnungen offensichtlich ganz vernünftige Leute so sehr in Entzücken versetze, denn: „Deine Zeichnungen sind doch viel besser. Du solltest sie ausstellen!" Er bezog sich dabei auf einige gewissenhafte Aktstudien aus einem Kurs an der Universität. Natürlich versicherte ich ihm, daß sie nur wegen meiner Nachlässigkeit so unbekannt seien, daß ich mich aber eines Tages aufraffen und sie der Welt zeigen würde. Und ich erklärte ihm, daß Zeichnen von jedem Meister in jeder Kunstart geübt werde, auch wenn jeder es auf die ihm eigene Art handhabe. In den Augen des großen Bildhauers nahmen seine Zeichnungen bereits die endgültige Gestalt in Stein vorweg. Obwohl er mit nachlässigen Pinselstrichen und sorgloser Linienführung arbeitete, dachte er dabei immer an Hammer und Meißel. Seine Zeichnungen

sind so großartig, weil sie die verborgenen Möglichkeiten seines Mediums aufdecken. Sie sind wahrhaftig die Visionen eines Schöpfers. Ein Biograph Rodins erklärte, daß seine Zeichnungen die göttliche Ungeduld eines Künstlers offenbaren, der fürchtet, auch nur eine einzige flüchtige Wahrnehmung könne ihm entrinnen.
Kein Gegenstand existiert völlig unahängig von seiner Umgebung. Er kann deshalb nicht überzeugend als ein Ding an sich dargestellt werden. Auch läßt unser eigenes Ich ihn für uns anders erscheinen als für andere. Die einfachste Form, und sei sie nur eine leichte Vertiefung, ist immer Teil eines Gestaltungsvorgangs. Es ist die wechselseitige Beziehung zwischen dieser und allen anderen Formen, die ihr Bedeutung zuweist. Diese Art von Beziehung beschäftigt uns. Ein genaues Abbild ist wertlos. Wenn Du das willst, dann halte Dich an die Fotografie. Wir sollten nicht imitieren, wenn wir entwerfen, improvisieren wollen. Wenn wir uns zu sehr damit beschäftigen, wie der und der das wohl gemacht hätte oder was Professor Soundso dazu sagen wird, dann wird die Zeichnung ihre ursprüngliche Kraft verlieren und nur eine unter vielen sein. Wir können uns niemals genau in die Reaktion eines anderen hineindenken, wir müssen lernen, die Dinge selbst zu sehen, um eine eigene Ausdrucksform zu entwickeln. Die Fähigkeit zu sehen kommt aus dem beharrlichen Analysieren unserer Reaktionen auf das Gesehene und dessen Bedeutung für uns selbst. Je mehr man hinsieht, um so mehr wird man zu sehen bekommen.
Wenn ich zeichne, versuche ich, mich nicht völlig meinem Sujet zu unterwerfen, aber ich behandle es mit Respekt und betrachte es als etwas Greifbares – als etwas Lebendiges –, das Gefühle in mir weckt. Ich habe mich daran gewöhnt und halte es nicht für physisch unmöglich, meiner eigenen Vorstellung zuliebe Berge und Bäume zu versetzen oder Kuppeln und Türme auszutauschen. Ich bringe eine Komposition zu Papier und messe jeder Zeichnung ebenso viel Wert bei wie einem Entwurfsproblem. Das Entstehen einer solchen Zeichnung erfordert natürlich viele schnelle Skizzen und Notizen „vor Ort". Dann muß man alles hinter sich lassen, um die Eindrücke zu überarbeiten und so zu verdichten, daß ein sprechendes Bild entsteht. Die Wiedergabe einer Kathedrale wird – wie getreulich man auch immer alle Regeln dreidimensionaler Darstellung beachtet hat – oft nur die Illustration von Tiefe, Höhe und Breite, also eine bloße Architekturperspektive sein, wenn sie nicht jene eigene Form der Einfühlung enthält: in ihre Gestalt, ihren poetischen Rhythmus, die Kontrapunktik ihrer Massen. Es ist in Wirklichkeit nicht einmal notwendig, den perspektivischen Regeln zu folgen, um eine Zeichnung herzustellen, die für uns selbst von Bedeutung ist. Haben nicht die chinesischen Maler, die besser als alle anderen Raum

darzustellen vermochten, die Perspektive, wie wir sie praktizieren, fast völlig vernachlässigt?

In den Tausenden von Zeichnungen, die aus Europa zu uns gekommen sind, gibt es viel zuviele Posen und artifizielle Anstrengungen. Es ist ein Jammer, daß wir unsere Wahrnehmung von den Schnittmustern architektonischer Darstellung beherrschen lassen. Warum die meisten Zeichnungen sich unbedingt in der Sprache eines manirierten Ernest Born oder eines seichten Chamberlain äußern müssen, ist mir unverständlich. Ich habe wenig Achtung für Leute, die außer sich geraten über die Anmut von Reims und dann als Beweis für ihre Empfindungen nur eine schlappe Skizze von ein paar Strebepfeilern vorzuweisen haben.

„The Value and Aim in Sketching", aus T-Square Club-Journal, Vol. I, Nr. 6, Mai 1931, S. 19–21. Nachdruck mit Erlaubnis der Philadelphia-Section des American Institute of Architects.

1944
Monumentalität

Gold ist ein wundervolles Material. Es gehört dem Bildhauer.
Monumentalität in der Architektur ist eine geistige Qualität; sie vermittelt die Empfindung von Ewigkeit. In einer Konstruktion solcher Art kann nichts verändert und nichts hinzugefügt werden. Wir empfinden diese Qualität im Parthenon, dem einzigartigen architektonischen Symol der Griechen.
Manche behaupten, wir leben in einem Zustand unausbalancierten Relativitätsdenkens, das sich nicht auf eine einzige, intensive Zielsetzung hin konzentrieren lasse. Ich denke, das ist der Grund, weshalb einige unserer Kollegen glauben, daß wir einfach psychisch unfähig geworden sind, unseren Bauten Monumentalität zu verleihen.
Aber haben wir denn eigentlich solchen sozialen Monumenten wie der Schule, dem Rathaus oder dem Kulturhaus schon vollkommenen architektonischen Ausdruck verliehen? Auf welche Anregung, welchen Antrieb, welche soziale oder politische Bewegung warten wir denn noch? Welches Ereignis oder welche Philosophie soll uns denn beflügeln, um ihrer Bedeutung für unsere Gesellschaft gerecht zu werden? Und wie würden solche Kräfte sich auf unsere Architektur auswirken?
Die Wissenschaft hat dem Architekten neue Materialien mit großer Widerstandsfähigkeit gegen Schwerkraft und Wind verfügbar gemacht.
Philosophen und solche, die mit Malerei, Bildhauerei und Architektur experimentieren, haben die Arbeit ihrer Künstlerkollegen mit neuem Mut und einer neuen Art von Spiritualität bereichert.
Monumentalität hat etwas Enigmatisches. Sie läßt sich nicht erzwingen. Weder das beste Material noch die fortschrittlichste Technologie sind nötig für ein Werk von monumentalem Charakter, genausowenig wie es der besten Tinte bedurfte, um die Magna Charta niederzuschreiben.
Dennoch, unsere architektonischen Monumente streben nach konstruktiver Vollkommenheit. Diese wiederum trägt zu ihrer eindringlichen Wirkung, zu ihrer formalen Klarheit, zu ihrer maßstäblichen Logik bei. Unsere heutigen Erkenntnisse erlauben uns, aus den neuen Materialien und Baumethoden die ihnen innewohnenden Formen herauszupressen. Dieser Text dient dazu, in Kürze die weiteren Horizonte aufzuzeigen, die Wissenschaft und Handwerk für den Architekten und den Ingenieur eröffnet haben. Es geht darum, die Ausdrucksmöglichkeiten neuer konstruktiver Konzeptionen mit aller Vorsicht zu umreißen.

Monumentalität

Kein Architekt vermag noch einmal eine Kathedrale zu bauen, die die Wünsche und Sehnsüchte, die Liebe und den Haß jener Menschen verkörpert, deren Hinterlassenschaft sie ist. Deshalb empfinden wir die Botschaften, die die großen Monumente der Vergangenheit für uns bereithalten, nicht mehr mit der gleichen Intensität. Sie haben einfach nicht mehr die gleiche Bedeutung. Selbst ihre getreue Nachbildung bewirkt nichts. Doch können wir auf das, was uns diese Bauwerke lehren, nicht verzichten. Sie zeigen uns, was Größe ist, und die Bauten der Zukunft werden sich, auf die eine oder andere Weise, darauf beziehen müssen.

In der griechischen Architektur war Ingenieurbaukunst im wesentlichen das Wissen um Druckkräfte. Jeder Stein wurde so bearbeitet, daß einer akkurat auf dem anderen saß, um Spannungen zu vermeiden, die der Stein nicht verträgt.

Die Baumeister der großen Kathedralen behandelten die Glieder des konstruktiven Gerüsts mit der gleichen Liebe zur Vollkommenheit, und das hieß nichts anderes als eine dem Zweck angemessene Dimensionierung der Teile. Auf Perioden der Unerfahrenheit und Furcht, in denen sie gewaltige doppelwandige Mauern mit schuttgefüllten Zwischenräumen errichteten, folgte die mutige Erprobung einer Stein-auf-Stein geschichteten Gewölbekonstruktion mit abwärts und auswärts wirkendem Schub, dessen Kräfte in eine Säule oder in eine Wand abgeleitet wurden, die wiederum gestützt wurden von den zusätzlichen (charakteristischen) Strebepfeilern. Eine Kombination von Bauteilen wirkte zusammen. Der Strebepfeiler erlaubte leichtere Wände zwischen den seitlichen Auflagern, und diese Wände wurden folgerichtig in große Glasfenster aufgelöst. Dieses Konstruktionsprinzip, das aus früheren und gröberen Versuchen abgeleitet worden war, brachte mit größeren Höhen und ungeahnten Spannweiten großartige und immer wieder andere Bauwerke hervor. Ihre geistige Ausstrahlung bleibt unübertroffen.

Die Einflüsse von römischer Wölbung, von Kuppel und Bogen haben sich der Architekturgeschichte tief eingeschrieben. Von der Romantik, der Gotik, der Frührenaissance bis heute sind ihre Grundformen gültig und ihre konstruktiven Prinzipien erkennbar. Sie werden als Prinzipien auch bestehenbleiben, nur werden sie durch eine neue Technologie und die Entwicklung der Ingenieurwissenschaften mit ganz anderen Kräften ausgestattet sein.

Der Ingenieur des ausgehenden 19. Jahrhunderts arbeitete auf der Grundlage fundamentaler Prinzipien und entwickelte daraus die Lehrformeln seiner Handbücher. Doch die enormen Veränderungen im Bauwesen – erhöhte Quantitäten und zunehmende Schnelligkeit –

brachten einen Handbuch-Ingenieur hervor, der sich die Formeln zwar aneignete, aber die ihnen zugrunde liegenden Prinzipien mehr oder minder vergaß. Heute reden wir von konstruktiven Strukturformen; das Wort ist zwar nicht neu, hat aber große Bedeutung, weil man sich davon verspricht, die normierenden Handbücher wieder in die Archive zu verbannen.

Der Doppel-T-Träger ist eine ingenieurtechnische Errungenschaft. Er verdankt seine Form einer Analyse des Kräfteverlaufs. Er ist so entworfen, daß sein Querschnitt um so stabiler ist, je weiter die Flansche von seinem Schwerpunkt entfernt sind. Seine spiegelbildliche Form ist eine Folge des Walzverfahrens, aber im Test zeigte sich, daß sie auch statische Vorteile bietet. Durch Sicherheitszuschläge bei der Bemessung der Träger hat man versucht, den zu erwartenden Unregelmäßigkeiten des Materials zu begegnen. Und die zu seiner Herstellung notwendige Großmaschinerie machte eine Standardisierung notwendig.

Aus dem Zusammenwirken von Standardisierung und Sicherheitszuschlag (oder, nach den Worten eines Ingenieurs „Ignoranz"-Zuschlag) ergaben sich Normprofile, die sehr viel massivere Querschnitte haben, als es die Berechnungen verlangen. Sie schränken die gestalterischen Möglichkeiten des Ingenieurbaus, die sich aus den Kräftediagrammen in den Lehrbüchern ableiten lassen, weitgehend ein. Ein Beispiel: Die übliche Praxis, einen Doppel-T-Träger, so, wie er ist, auskragen zu lassen, steht in keinerlei Zusammenhang mit dem Kräftediagramm, das eine am äußeren Ende beträchtlich zu vermindernde Materialstärke ausweist.

In der Praxis wird fast jede Verbindung als Gelenk ausgebildet, was den Anschluß an Stützen und andere Bauteile kompliziert und häßlich macht.

Große Belastbarkeit läßt sich auch ökonomischer lösen. Eine elegantere Möglichkeit, die Spannungen möglichst weit vom Schwerpunkt entfernt angreifen zu lassen, bietet ein Rohrquerschnitt; denn je größer das Trägheitsmoment ist, desto größer die Belastbarkeit.

Die Konstruktion mit Rohrprofilen ist keine Neuheit, aber sie wird durch technische Bestimmungen so eingeengt, daß die Herstellung von Verbindungen erheblich erschwert wird. Bis vor kurzem waren geschweißte Verbindungen überhaupt untersagt. In den wenigen Fällen, in denen sie erlaubt waren, verlangte man eine Belastungsprobe für jede einzelne Verbindung.

Bei neuen konstruktiven Strukturformen muß man die landläufig geltenden Normen und Vorschriften verlassen und neue Berechnungsverfahren entwickeln. Die Stabilität von starren Verbindungen, in denen Belastbarkeit und Trägheitsmoment wenigstens so groß sind wie in dem

Monumentalität

stützenden Bauteil, läßt sich durch Schweißtechnik herstellen. Die Stütze wird dabei Teil des Trägers und übernimmt zusätzliche Spannungen, was sonst nicht möglich ist.

Ingenieur und Architekt müssen sich auf die fundamentalen Prinzipien zurückbesinnen. Sie müssen sich mit dem Wissenschaftler zusammentun, um neues Wissen anzusammeln, sie müssen ihr Gefühl für die Beschaffenheit konstruktiver Strukturen lebendig halten, sie müssen einen neuen Sinn für Form entwickeln, der aus dem Entwurf des Ganzen hervorgeht und nicht aus der Zusammensetzung bekannter Teile.

Konstruktionen mit genieteten Doppel-T-Trägern sind ungefüge und häßlich. Die Schweißtechnik dagegen hat im Ingenieurbau viele verschiedene Lösungen ermöglicht und hat Formen mit großer Tragfähigkeit und hoher Effizienz hervorgebracht. Die Auswahl an konstruktiven Formen ist unbegrenzt, selbst für gegebene Probleme, und deshalb kann theoretisch die ästhetische Philosophie eines jeden zufriedengestellt werden. Jede individuelle Lösung, Flächen, Röhren, Winkel zusammenzufügen, kann eine den Normen gleichwertige Antwort geben auf die Herausforderung von Schwerkraft und Wind.

Die Kreuzrippen, die Gewölbe, die Kuppeln, die Strebepfeiler kehren in neuer Gestalt zurück, um den Raum zugleich großzügiger und einfacher zu definieren und um, in den Händen der Baumeister von heute, an das Gefühl von heute zu appellieren. Anders als einst die Steine, sind die Teile nun kleiner geworden und mit dem bloßen Auge kaum mehr zu erfassen. Jetzt zählt die molekulare Beschaffenheit des Metalls, die der Wissenschaftler im Spektralverfahren prüft und überwacht. Sein Ergebnis wird dem Architekten oder Ingenieur zwar in abstrahierter Form, als Formel, zugänglich, aber er kann es nutzen, ohne Vorurteil, ohne Bedenken. Das ist der Weg der Moderne.

Die gotische Architektur konnte nur so weit gehen wie die im Grunde genommen einfachen Baumethoden, die aus der Erfahrung und der Kenntnis der Materialien gewonnen waren, es zuließen. Die Kathedrale von Beauvais, deren Baumeister sich an eine größere Höhe und an eine größere Spannweite wagten, brach zusammen. Die Tragfähigkeit des Steins bemißt sich in Hunderten von Kilogramm. Die des Stahls – ganz zu schweigen von seinen Biege- und Zugkräften – bemißt sich in Tausenden.

Die Kathedrale von Beauvais hätte unseren Stahl gebraucht. Sie hätte auch unser Wissen gebraucht.

Dann hätte das Glas den Himmel freilegen können und wäre ein Teil jenes Zusammenspiels aus Rohren, Platten und Säulen aus Edelstahl geworden, jenes Linienmusters, das den Kräftefluß wahrhaftig abbildet

Section Thru Beauvais after Auguste Choisy

Der Schnitt durch die
Kathedrale von Beauvais
und ihre Umzeichnung
und Umdeutung
mit den Mitteln
moderner Konstruktion

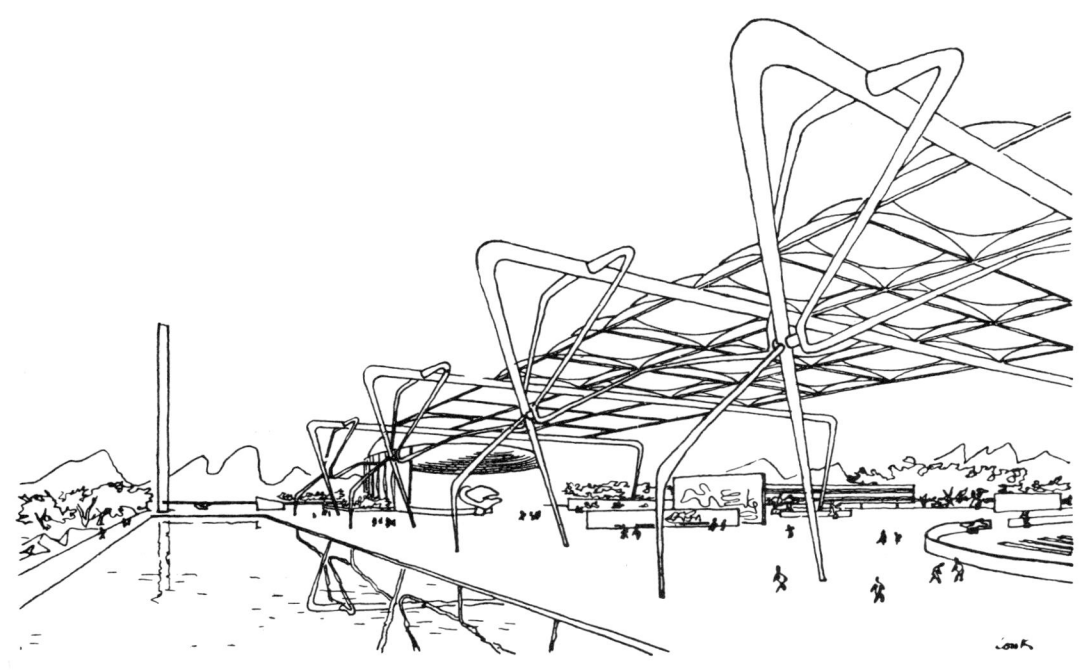

Neue Materialien
und neue Verbindungen
bringen neue
Konstruktionen und
neue Ausdrucksformen
hervor

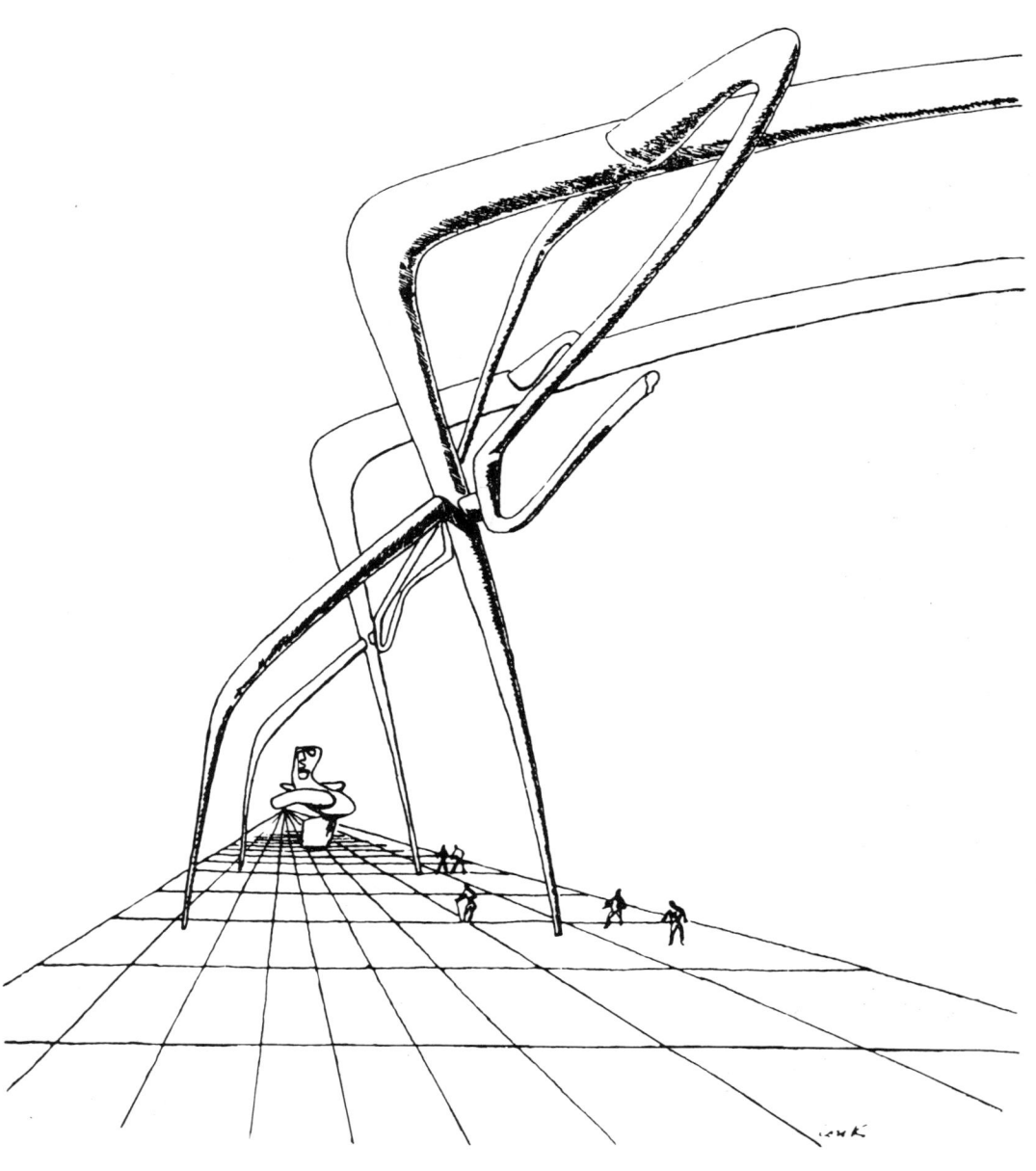

Monumentalität
ist keine Frage des Stils

und sichtbar macht. Jedes Bauglied hätte mit seinem Nachbarn verschmelzen können, um eine strukturelle Einheit zu bilden, die es wert gewesen wäre, bewundert zu werden, weil seine ingenieurtechnische Qualität, die ihre eigene Schönheit zu bilden imstande ist, den Gesetzen des Ästhetischen nicht im Wege gestanden hätte. Das Metall wäre heute zu einem freundlichen Material gealtert, seine zweckmäßige Legierung hätte es vor Korrosion geschützt.
Die Generation von heute muß sich auf ihre Aufgaben besinnen, und das ist Massenwohnungsbau in gesunder Umgebung.
Sie ist sich der Überalterung unserer Städte bewußt.
Sie akzeptiert das Flugzeug als lebensnotwendig.
Fabriken breiten sich aus als horizontale Anlagen und beanspruchen, zumindest vorübergehend, große Teile jungfräulichen Landes für Arbeit und Wohnen.
Denken Sie an Willow Run, wo eine feste Stadt für die Arbeiter geplant und beinahe gebaut wurde.
Die Nationen beginnen, sich auf soziale Reformen einzulassen. Die Kriegsproduktion könnte, im gleichen Umfang, zur normalen Produktion erklärt werden und eine gesunde Wirtschaft hervorbringen.
Immer noch nicht verwirklicht, aber nach wie vor hochgelobt, sind die Prinzipien der Atlantik Charta.
Wie werden die Bauten kommender Tage beschaffen sein? Werden die Kirchen, die Kulturzentren, das Parlament der Vereinten Nationen, die Bauten für Arbeit und Industrie, werden die Bauwerke, die die Errungenschaften und Ziele unserer Zeit verkörpern, werden sie aussehen wie Chartres, wie der Kristallpalast, wie der Palazzo Strozzi, wie das Taj Mahal?
Die Rüstungsindustrie ist technisch so ausgereift, daß ihre Produkte aus Beton, Stahl oder Holz uns als Hinweis dienen, bis wohin wir mit unseren Bauten kommen können. Das gigantische Gerüst einer Konstruktion kann mit Recht beanspruchen, daß man es sichtbar macht. Man braucht es für das Auge nicht mehr zu verhüllen. Marmor und Holz nehmen in seiner Gegenwart keinen Schaden. Neue Wandelemente in durchsichtigem, durchscheinendem oder opakem Material mit herrlichen Oberflächen und Farben werden in die zartere Sekundärstruktur eingefügt oder daran aufgehängt. Wandfarben artikulieren die Verkehrsströme innerhalb der überdachten Räume; Skulpturen schmücken sie.
Die großen Meister haben uns die Richtung gewiesen, in die ein moderner Architekt gehen kann, um die Komplexität der Anforderungen heute zu entwirren und in einfache Formen aufzulösen. Sie haben die Bedeutung einer Wand, einer Stütze, eines Balkens, die Bedeutung

von Dach und Fenster und deren Verhältnis zum Raum neu definiert. Wie notwendig neue Regeln waren, erkennen wir, wenn wir uns an die überladenen Stilkopien zurückerinnern, mit denen diese Elemente gequält worden sind.

Die Bemühungen um eine ganzheitliche Architektur werden diesen Elementen zu ihrem Recht verhelfen und ihre Bedeutung weiter präzisieren. Eine Wand, die einen Innenraum gliedert, ist nicht die gleiche wie die, die den Innenraum vom Außenraum trennt. Mauerwerk ist immer Einfassung, Einfriedung, auch von Gärten. Man kann es, weil es so dekorativ ist, auch für Außenwände benutzen, aber im Inneren sollte es durch Elemente, die den Anforderungen dort genauer entsprechen, ergänzt werden.

Konstruktiver Erfindergeist wird vielleicht irgendwann imstande sein, stützenfreie Räume zu schaffen, aber solange man Stützen braucht, haben sie Anspruch auf den Platz, den sie brauchen, das heißt, die räumliche Planung muß sie mit Respekt behandeln. Strukturelle Probleme kulminieren im Dach. Seine Haltbarkeit und seine Schönheit sind eine Herausforderung an die Wissenschaft. Die Oberflächen von Kuppeln, Gewölben und Bögen, die im Äußeren in Erscheinung treten, sind ein integraler Bestandteil der konstruktiven Struktur.

Fast alles: rostfreier Stahl, Beton, tragende Tafeln aus Kunststoff oder Glas, auch selbsttragendes Glas können für Kuppeln und Gewölbe verwendet werden. Die Wahl ist abhängig von den klimatischen Bedingungen und der erwünschten Wirkung. Aber auch das flache Dach sollte mit gleicher Aufmerksamkeit behandelt werden, ob man es sehen kann oder nicht.

Ich gebe Ihnen ein Beispiel:

Die Bürger eines großstädtischen Bezirks und ihre Repräsentanten setzten sich ein Programm für ein kulturelles Zentrum. Unterstützt wurde das Ganze vom nationalen Bildungszentrum. Die Bürgervertretung arbeitete mit dem Architekten und seinen Ingenieuren zusammen. Zeit und Kosten spielten keine Rolle; das Gedeihen des Projekts lag vielen am Herzen.

Von oben können wir nun die noble Silhouette des Bauwerks sehen. Manche der viel höheren Bauten der Umgebung lösen keine vergleichbaren Empfindungen aus. Der Bauplatz liegt auf einem Hügel in der umgebenden Landschaft, von dunklen Wäldern gefaßt, die die Landschaft in Streifen zerteilen.

Zu ebener Erde ist der erste Eindruck der einer riesigen Skelettkonstruktion, die wie eine gigantische Skulptur aufragt. Sie ist das gestalterische Rückgrat des Ganzen und konnte allen Einflüssen, die es im Verlauf des Entwurfsprozesses gefährdeten, widerstehen. In die detailliertere

Planung hat der Architekt die Wünsche vieler Menschen aufnehmen können.

Der Bau beginnt und endet nicht mit dem Raum, den er einschließt, sondern die reich ausgebildete Skulptur greift in die fließenden Umrisse von Landschaft und Vegetation ein und wirkt weiter bis zu den fernen Hügeln.

Die Beschaffenheit der Landschaft zu Füßen des Baus hat dem Architekten seine gestalterische Antwort vorgegeben und ihm bei der Gestaltung der Terrassen, Wasserbecken, Stufen und Zuwege strenge geometrische Formen auferlegt. Der Landschaftsplaner wiederum hat diese Formen weitergeführt oder widerlegt durch eine teils geometrische, teils freie Gestaltung, die bis ins Ästegewirr der Baumkronen reicht.

Die Entwurfszeichnungen zeigen, daß unter den großen Spannweiten eine feingliedrige Einteilung speziellen Nutzungen dient. Die Trennwände bestehen aus Glas, gedämmten Wandtafeln oder Marmor. Diese Trennungen sind ganz unabhängig von der Konstruktion, sie folgen nur dem Bewegungsablauf. Der Grundriß zeigt Kontinuität. Das große Eingangsfoyer ist Teil des Amphitheaters, das sich zur Bühne hin absenkt. Das Licht kommt von oben durch wellenförmig angeordnete prismatische Glaskuppeln.

In einiger Entfernung vom Eingang leuchtet ein großes farbiges Wandbild. Beim Näherkommen zerlegen sich die von fern festumrissenen Konturen in Einzelformen und Einzelfarben. Alles ist klar und ursprünglich.

Auf der einen Seite liegt das kommunale Museum für Skulptur, Malerei, Kunsthandwerk. Es stellt die Werke von jungen Männern und Frauen aus Berufsschulen und Kunstschulen aus. Sie werden hierher eingeladen, und ihre Arbeiten werden von denen begutachtet, die dasselbe lernen wie sie: die Grundprinzipien einer materialgerechten Gestaltung. Was jeder von ihnen gefühlsmäßig daraus mitnimmt, wird ihm selbst überlassen, er findet Gesprächspartner, er kann sich vergleichen, er lernt durch Erfahrung.

Skulpturen machen Form und Konstruktion zugleich sichtbar. Marmor und Stein werden gemeißelt wie ehedem. Die Gußformen in neuen Legierungen oder Plastik bleiben dauerhaft. Massive Einzelteile werden durch Metalltafeln oder -röhren verbunden. Thematisch gibt es keine Beschränkungen. Die neuen Materialien und Werkzeuge, mit chemischen Farben und industriellen Herstellungsverfahren, die dem Künstler zu Gebot stehen, verlebendigen seine Ideen.

Sprühverfahren für Farben und Oberflächen haben dem Maler, dem Bildhauer und Kunsthandwerker neue Instrumente anhand gegeben.

Einer der jungen Künstler hat im Inneren eines großen unregelmäßigen Würfels aus transparentem Plastik andere Formen und Objekte in leuchtenden Farben installiert. Durch die Plastikhülle hindurch sieht man einen sphärischen Körper, unterschiedlich geneigte Tafeln und ein Gewirr von Kupferdrähten. Von solchen Formexperimenten kann der Architekt lernen und sie eines Tages zur Verschönerung seiner Strukturen verwerten. Bis jetzt hat er sie weitgehend gemieden. Sein Werturteil gipfelt in Formen, die frei und aufrecht im Raum stehen.
Einige der jüngeren Künstler sind von den Arbeiten eines älteren Bildhauers beeinflußt, der eine Theorie der Maßstäblichkeit im Verhältnis zum Raum formuliert hat. Er behauptet, daß, wenn der Maßstab der Skulptur wächst, sich eine monolithische Form von selbst verbiete. Für große Objekte wählt er deshalb ein kleines Grundelement, ein Modul quasi, rein geometrisch, als Würfel, Prisma oder Kugel, das er Stück um Stück, unter feinsinniger Beachtung der Wirkung von Licht und Schatten, zu einer Großform zusammensetzt. Von ferne gesehen hat ein solches Kunstwerk eine vibrierende Textur, die sich aus den zahlreichen Elementen und dem Spiel mit den Sonnenreflexen ergibt. Bevor wir den neuen Geist künftiger Tage beschwören, müssen wir uns zuerst einmal an die vernünftige Auswertung allen verfügbaren Wissens machen. Der nostalgischen Sehnsucht nach den Wegen der Vergangenheit gelten nur wenige und ineffektive Stimmen.
Stahl und viele leichtere Metalle, Beton, Glas, beschichtete Hölzer und Kunststoffe aller Art sind heute unsere wichtigsten Baumaterialien. Nieten wird abgelöst von Schweißtechnik, der Stahlbeton verfeinert sich zu Spannbeton, wird schwingungsfrei und von großer Eleganz. Verleimte, furnierte Hölzer ersetzen Massivholz und sind für das Auge ebenso schön. Und die Kunststoffe bieten so unzählige Möglichkeiten, daß Zeitschriften und Periodika zu diesem Thema immer mehr Leser finden. Noch ungeprüfte Eigenschaften des Kunststoffs werden analysiert, alte Zusammensetzungen vom Markt genommen. Neue Stahllegierungen, bruchsicheres und wärmespeicherndes Glas und zahllose synthetische Verbindungen – das ist die neue Palette des Architekten.
In welchem Umfang der Fortschritt im Bauen verhindert werden wird durch Bodenrecht, alte Dogmen, Stilfragen, Präzedenzfälle, ungeprüfte Materialien, despotische Standards, überholte Vorschriften, schlechte Handwerker und schlechte Künstler, ist nicht vorauszusehen. Doch die Wissenschaft und ihre Anwendung haben in der Rüstungsproduktion so große Fortschritte gemacht und den normalen Ablauf der Dinge so sehr beschleunigt, daß wir im großen und ganzen optimistisch sein dürfen.

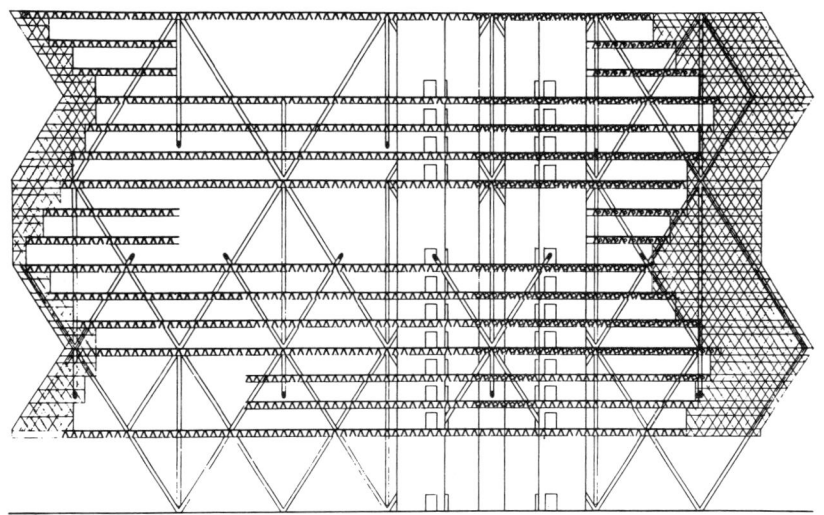

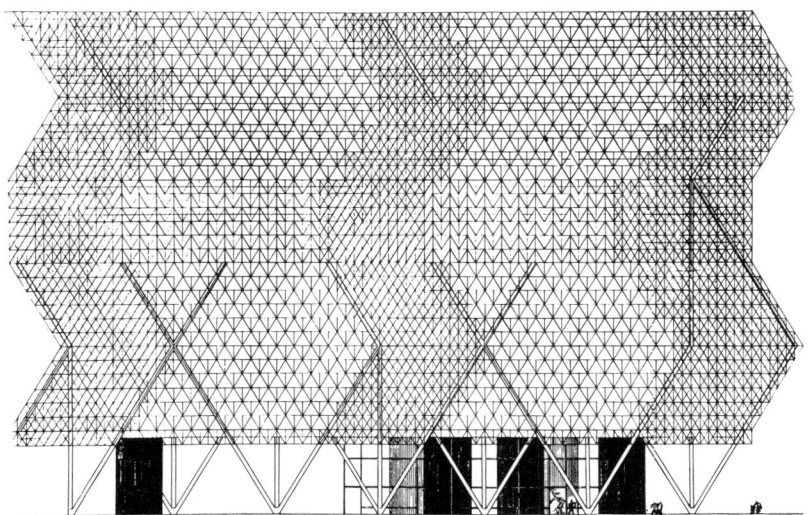

Entwurfsvorschlag für ein Rathaus auf einem Grundrißraster aus gleichseitigen Dreiecken, das zugleich auch die Strukturform in der Vertikalen bestimmt.

Standardisierung, Vorfertigung, kontrollierte Experimente und Spezialisierung sind keine Monstren, vor denen die Feinfühligkeit des Künstlers zurückschrecken sollte. Sie sind nichts anderes als die zeitgemäßen Hilfsmittel, die die Chemie, die Physik, die Technik und Produktion uns zur Verfügung stellen, um die Lebensqualität zu erhöhen. Das notwendige Wissen um alle diese Mittel wird dem Künstler die Furcht nehmen, sie anzuwenden, es wird seine kreativen Möglichkeiten bereichern und ihm den Mut geben, sich auf Abenteuer einzulassen. Dann wird auch seine Arbeit zu einem Stück Zeitgeschichte, sie wird seinen Zeitgenossen dienen und ihnen Freude bereiten.

Ich will mit all dem nicht sagen, daß Monumentalität wissenschaftlich hergestellt werden kann. Noch möchte ich sagen, daß eine Arbeit, die sich der Monumentalität verschreibt, als größtes Verdienst an der Menschheit zu gelten hat.

Ich bewundere nur, und ich verteidige den Architekten, der den Willen hat, an den Herausforderungen unserer Zeit zu wachsen. Er ist allen anderen einen Schritt voraus.

„Monumentality", aus New Architecture and City Planning, A Symposium, hg. von Paul Zucker (New York: Philosophical Library, 1944), S. 77–88.

1953
Architektur und Hochschule

Bericht von einer Konferenz an der Princeton University, 11./12. Dezember 1953

Entwerfen ist eine besondere Form von Ordnung

Ich denke, daß wir, wenn wir von Entwurf sprechen, Ordnung meinen. Ich denke, daß Entwerfen sinngebend ist. Ich denke, Ordnung ist etwas, dessen Wirksamkeit wir entdecken, wenn wir darangehen, an einem Entwurf zu arbeiten – an einem Entwurf für eine Stadt oder ein Gebäude, oder auch nur für ein Poster. Wenn man selbst einen Sinn für Ordnung entwickelt – und ihn im Entwurf durch die Übung im Entwerfen steigert –, entdeckt man in sich jene Eigenart sehr konsequenter Menschen, eine Qualität, die ihre Arbeit nur schon schöner macht. Ich glaube, wir bringen Ordnung und Entwurf ständig durcheinander. Ordnung umfaßt alle Arten von Konstruktionen – mechanische wie geistige; und der Entwurf ist lediglich der Prozeß, diese Ordnung mit den gegebenen Bedingungen anzufüllen und dabei durch eine gewisse Erfahrung die Ordnung zu fertigen und sogar zu bereichern.
Ich möchte behaupten, daß man die konzeptionellen Fähigkeiten eines Studenten schon ziemlich früh, noch ehe er auf eine Hochschule geht, beurteilen kann. Auch eine literarische Arbeit, an der er schreibt, offenbart, ob er ein außergewöhnlicher Mensch ist oder nicht. Solche Eigenschaften noch vor dem Studienabschluß zu beobachten, wäre, so meine ich, eine gute Möglichkeit, die konzeptionelle Begabung von der mehr praktisch-methodischen zu unterscheiden.

Gebäude sind keine Monolithen

Ich fürchte, meine Anmerkungen sind verwirrend, aber sie beruhen auf dem, was ich in der Hochschule, an der ich lehre, als zureichend empfinde. Es ist ein Fehler, meine ich, Gebäude als etwas Monolithisches zu betrachten. Wenn man die Kabel und die Elektrizität und die Klimaanlage und die Isolierung und die Akustik sich selbst überläßt, zeigt sich schnell, daß die Form ohne das Verständnis für diese Elemente gefunden wurde und eben deshalb nur das wiederholen kann, was andere schon einmal gemacht haben. Deswegen verlangen wir, daß alle diese Dinge auf den Zeichnungen deutlich herausgestellt werden. Außerdem lassen wir die Studenten sogenannte „konstruktive Fassaden" anfertigen. Dann erst soll der Student zeigen, wie er sich die Umhüllung seines Gebäudes vorstellt.
Ich bin davon überzeugt, daß ein Gebäude kein einfaches Ganzes ist und daß man alle Mittel anwenden muß, um es zu verstehen. Eins

dieser Mittel ist natürlich die Technik, und wir sollten es nicht bei Erläuterungen bewenden lassen, sondern sie sichtbar machen. Technische Demonstrationen, zusammen mit sprachlichen Erläuterungen, würden Wunder wirken. Wir haben festgestellt, daß einiges sich nicht zeichnen läßt. Es ist unmöglich. Ein Raum, dem mein tiefstes Interesse gilt, entsteht noch immer aus festem Stein und nicht aus den Hohlräumen im Stein. Und es ist auch nicht so, daß wir die Installationen einfach an unsere Häuser ankleben, um sie später zu verdecken.

Wir wissen auch, daß wir Leute von anderswoher zu uns holen, weil wir selbst spüren, wie unvollkommen unsere Ausbildung und unsere Kenntnisse sind. Und wir versuchen so, die Verantwortung für die Feststellung dessen, was für unser heutiges Bauen charakteristisch ist, anderen zuzuschieben, außerhalb der „Profession", sozusagen.

Ich weiß, das Wesen des Raumes ist etwas, von dem wir tatsächlich nur sehr wenig wissen. Wir kommen zu rasch zur Form, weil wir das Endprodukt der Kreativität anderer übernehmen und eine gewisse Zweckmäßigkeit in sie hineinlesen. Während wir doch zu solchen Formen gelangen sollten, indem wir selbst eine innere Einsicht in die Räume gewinnen, die anschaulich werden sollen. Ich glaube, wir sollten von den Bau-Meistern von heute lernen, welchen Ausgangspunkt sie für unsere Arbeit bereithalten, nicht aber von den fertigen Gebäuden. Wir sollten studieren, auf welchen Wegen sie zu ihren Schlüssen kommen – aber es bleiben ihre Schlüsse.

Wenn Menschen auf dem Standpunkt stehen, wir sollten ganz von vorn anfangen, werden Sie feststellen, daß es viele Möglichkeiten gibt, die noch nicht untersucht worden sind – technische Möglichkeiten vor allem. Wir müssen alles auf Briefmarkengröße reduzieren, damit wir es sehen und fühlen können und uns nicht in lauter Einzelheiten verlieren. Dann sollten wir imstande sein, das Instrument der Komposition zu spielen, das in gewissem Sinne der Architektur eines Gebäudes entspricht.

„Architecture and the University" (Princeton: The School of Architecture, S. 29–30, 46, 67–68; abgedruckt mit Erlaubnis von „The Louis Kahn Collection", University of Pennsylvania und Pennsylvania Historical and Museum Commission.)

1953
Über die Verantwortung des Architekten

Auszüge aus einer Werkstatt-Diskussion, die in Yale unter Beteiligung von Petro Belluschi, Philip Johnson, Louis Kahn, Vincent Scully und Paul Weiß zustande kam.

Wenn ich mir eine Definition für Architektur überlege, so ist sie für mich eine Lebensform, die aus der Untrennbarkeit bestimmter intellektueller und emotionaler Vorstellungen entspringt. Sie hat mit der ganzen Vielfalt zu tun, die entsteht, wenn man Architektur dazu bringt, ihre volle psychologische Wirkung zu entfalten. Und das gelingt, wenn sie motiviert ist. Sie erfüllt Wünsche und befriedigt Bedürfnisse. Und eben so sollte der Tower von F. L. Wright wirken – als psychologische Erfüllung. Er könnte diese Wirkung nicht haben, wenn sein Inneres unbenutzbar, wenn er ohne Liebe und Lauterkeit geschaffen wäre. Der Tower wurde mit Liebe geschaffen, und ich sage: er ist Architektur. Er gehört Frank Lloyd Wright ganz persönlich. Er hat weniger mit dem soziologischen Aspekt der Architektur als vielmehr mit dem Physikbuch für Architekten zu tun. Architektur sollte eine Kette neuer Reaktionen auslösen. Sie sollte einfach für sich existieren; Funken sollten von ihr auf andere überspringen. Diese Kraft ist der eigentliche Beweis dafür, daß es sich um ein Kunstwerk handelt. Wenn der Tower diese Kraft hat, Funken überspringen zu lassen, den Wunsch anzuregen, auch etwas Derartiges zu bauen, dann scheint mir, funktioniert er. Wenn er nicht wirklich als experimentelles Labor funktioniert, dann ist das Sache von Johnson und Co. Man sagt, die Form an sich erregt uns. Als ob sich ein Bau als Skulptur definieren ließe, als etwas von Architektur Abgetrenntes. Mir scheint, da stimmt irgend etwas nicht mit diesen beiden Definitionen. Als Skulptur muß er beurteilt werden, als sei er eine Skulptur in Form von Architektur. Und wenn er dann keine Skulptur ist, dann bleibt nur ein dürftiges Stück Architektur zurück. In beiden Fällen muß er den Lehrsätzen der Skulptur genügen. Er muß jedenfalls eine Skulptur sein. Er ist eher eine aus kleinen Teilen zusammengefügte Art von Skulptur, er ist kein Monolith.

Wie Sie wissen, befinde ich mich ständig im Stadium des Lernens und werde von den verschiedensten Dingen beeinflußt. Aber ich glaube, der einzige Maßstab für einen wirklichen Architekten ist, ob er ein Künstler ist. Ich glaube, es gibt einen feinen Unterschied zwischen den „Professionellen" und den Architekten – es gibt nur wenige Architekten und eine Menge „Professioneller". Ich glaube nicht, daß mit der Form anzufangen der einzige Weg ist, um Architektur hervorzubringen, aber ich halte es für eine außerordentlich starke und natürliche Art des Anfangens. Wir alle, denke ich, fangen an, indem wir intuitiv etwas hinkritzeln, was uns schließlich etwas sagt. Irgendwie wird – das weiß ich – plötzlich ein Entwurf daraus. Wenn die Vorstellung stark genug ist, ergibt sich der Entwurf fast wie von selbst. Was uns so sehr zu schaffen macht, ist, daß wir versuchen müssen, vieles, das in unserem bruchstückhaften Denken ungelöst blieb, zu vergessen. Wir bleiben zurück mit einigen winzigen festen Bestandteilen – und das ist der Entwurf.

Ich glaube, Entwerfen gleicht dem Vorgang des Säens, wobei das Ergebnis, das man erzielen will, ganz klar sein muß. Mit fortschreitender Entwicklung wird sich die Form verändern, und man sollte das sogar begrüßen; denn dann ist der Entwurf so stark, daß er nicht zerstört werden kann. Wie man das alles zustande bringt, weiß man, wenn man den Prozeß kennt, durch den man hindurch muß. Das Ganze ist ein Bau-Prozeß. Er verläuft meiner Meinung nach ganz anders, wenn man ein Endprodukt konzipiert und dann nur noch die Mittel sucht, es zu realisieren. Für mein Vorgehen ist eine regelrechte Einübung nötig, denn mit der Übung kommt die Sicherheit. Ich glaube, man muß etwas über die mechanische Ausrüstung wissen und auch etwas über seinen eigenen Umgang mit den tragenden Bauteilen.

Die Hochschulen versagen da, weil sie nichts dazu beitragen, den Künstler hervorzulocken und damit irgendwie auch das Gefühl des Wettstreits in der Kunst. Sie tun nichts, um den Willen, zu arbeiten, den Wunsch, sich selbst zu entdecken, zu schüren (wie wenig da auch entdeckt werden kann). Wenn einer ein wirklicher Künstler ist, wird er nicht allzu eifrig auf das schauen, was andere gemacht haben; er hat den Willen, etwas hervorzubringen, das aus ihm selbst kommt. Er braucht ein Werkzeug für seine Arbeit; deshalb benutzt er, was immer er darunter versteht, aber er kopiert nicht.

Ich gebe zu, daß Originale kopiert werden und vielleicht auch kopiert werden sollten, aber ich meine noch immer, daß jemand, der eine eigene Bedeutung sucht, sich dieser Methode nicht bedienen wird. Er ist zu ungeduldig. Er ist nicht bedacht genug dazu. Was ihn im Innersten erschüttert, dem ist durch Kopieren nicht beizukommen. Ich glaube, ein Künstler betrachtet die Arbeiten anderer flüchtig oder auch mit einer gewissen Demut, mit dem Wunsch, er hätte sie geschaffen – aber er kopiert nicht.

„On the Responsibility of the Architect", Nachdruck aus *Perspecta 2: The Yale Architectural Journal*, 1953, S.47–50

1959
Neuland in der Architektur

Rede vor dem CIAM-Kongreß in Otterlo

Ich habe das Glück gehabt, die Pläne und die Arbeit der hier Versammelten zu beobachten, und dabei festgestellt, daß nahezu jeder mit der Lösung des Problems beginnt, vorausgesetzt, die Bedingungen, unter denen der Entwurf entstehen soll, sind gegeben. Aber ich glaube, frei heraus sagen zu dürfen, daß nur sehr wenige mit einem gewissen Gefühl für das Eigentliche eines Problems begannen und dann den Entwurf als ein natürliches Zuendedenken – als etwas Sinnfälliges – ansahen; denn ich glaube wirklich, daß Entwerfen etwas Sinngebendes ist. Ich glaube, daß man erst etwas erkennen muß, bevor man dem Drang nachgeben darf, etwas zu gestalten. Und ich meine, es gibt viele in unserer Profession, die sich ganz auf den konkreten Entwurfsvorgang verlassen und sich sehr wenig Gedanken machen zu dem, was eine Sache eigentlich sein will, bevor sie anfangen zu entwerfen. Sie sehen einzig die Lösung des Problems.

Architektonische Gestaltung ist einer musikalischen Komposition durchaus vergleichbar, denn der Komponist hat eine bestimmte Vorstellung von Musik, ehe er zu komponieren beginnt. Ich möchte sagen, daß, wenn in Mozarts Küche eine Schüssel zu Boden fiel, er den Unterschied zwischen dem Geräusch und der Musik dieses Hinfallens wohl spürte. Ein anderer würde dem Geräusch folgen und eine Karriere daraus machen, weil es eben etwas anderes ist. Mozart aber würde der Unterschied wichtig sein, und er würde sagen, „ja, die Dissonanz bekommt der Musik gut!", und damit hätte er wieder etwas Neues im Reich der Musik entdeckt. [Aus dieser Erkenntnis – daß eine zu Boden fallende Schüssel eine Bedeutung für die Musik hat – würde er komponieren, während ein anderer das Geräusch als solches nehmen und eine Karriere daraus machen würde.]

Ich könnte vielleicht ein wenig über Erkenntnisse reden, denn Erkenntnisse sind für mich ein feinerer Bestandteil unserer selbst, als, sagen wir, Denken. Wissen ist ein Diener des Denkens, und Denken ist ein Satellit des Gefühls.

Wenn jemand fragen würde, „was ist Gefühl?", könnte man, meine ich, sagen, daß es ein Überbleibsel aus unserer geistigen Entwicklung ist, zu dem einst ein Ingrediens gehörte: das Denken. Aber irgendwie war dieses Ingrediens ein eigener Geist, und eines Tages sagte der zum Gefühl: „Schau, ich hab dir gut gedient, ich habe dir geholfen, Mensch zu werden, und nun will ich meinen eigenen Weg gehen. Ich möchte ein Trabant sein, ich möchte, daß du mich als etwas von dir Unabhängiges betrachtest. Ich werde zu dir zurückkehren – ich muß."

Das Denken macht sich unabhängig und geht auf anderes Denken ein, und daraus entsteht eine Schlußfolgerung. Aber auch diese Schlußfolgerung muß das Gefühl unbedingt fragen: „Wie gut bin ich?" Sie muß es tun!

Erkenntnis ist, glaube ich, Denken und Fühlen zusammen. Denn Fühlen allein ist ganz unfähig, etwas zu bewirken, aber das Denken ist ebenso unfähig dazu. Aber Denken und Fühlen zusammen bewirken so etwas wie Erkenntnis. Und diese Erkenntnis ließe sich als Sinn für Ordnung bezeichnen; als Sinn für das Wesen des Sinns.

Oft, wenn man von Ordnung spricht, meint man Ordentlichkeit, und eben das meine ich keineswegs. Und zwar deshalb nicht, weil Ordentlichkeit etwas mit Gestaltung zu tun hat, aber nicht mit Ordnung. Ordentlichkeit macht Ordnung nicht greifbar, es ist lediglich ein gewisses Lebensverständnis, eine Art Interpretation von Lebenssinn. Ordnung spürt dem Willen nach, der eine Sache zu sich kommen läßt. Eine Form zum Beispiel, ein Bedürfnis, das wir spüren. Der Lebenswille eines solches Bedürfnisses wird deutlich durch Erkenntnis. Aus der Erkenntnis gewinnt man Gestaltungsreichtum, die Form fliegt einem zu. Und deshalb: noch einmal Mozart. Mozart konnte die Partitur seiner Komposition verlieren und sie nach dem Verlust Note für Note neu wieder schreiben, weil er sich nicht mit dem Ergebnis beschäftigte. Seine Komposition war eine entschiedene Ordnung, deren Gestaltung variiert werden konnte und dennoch die gleiche blieb.

Nun habe ich gesagt, daß der Wunsch einer Sache, zu sich selbst zu kommen, ihr Wesentliches ist. Der Architekt muß diesen Wunsch aus der eigentlichen Natur der Dinge – und das heißt aus den Erkenntnissen, die er davon gewinnt, ableiten.

Die Straße im Kern einer sehr großen Stadt – vielleicht läßt sich Amsterdam nicht als Beispiel verwenden, weil es eine Stadt anderer Art ist, aber gewiß Paris, Rom, New York, Philadelphia oder irgendeine andere Großstadt – will ein Bauwerk sein und nicht nur eine Straße, und das ist eine Erkenntnis. Wenn man sie sich nur als Straße vorstellt, wird es einem niemals einfallen, für ihren Bau etwas anderes als das Allerdürftigste zu verwenden; denn man wird sie ja nicht sehen.

Aber wenn man sie sich als das vorstellt, was sie eigentlich sein möchte – nämlich ein Bauwerk, dann wird man nicht jedesmal, wenn irgendein Rohr kaputtgeht, alles wieder aufreißen müssen. Diese Dinge werden ihren Platz haben. Man wird wissen, wie man nach unten kommt, man wird einen ganz bestimmten Platz für bestimmte Dinge haben: es wird einem klarwerden, was dieses Bauwerk, genannt Straße, wirklich ist, und dann wird man erkennen, daß man tatsächlich auf dem Dach eines

Bauwerks entlanggeht oder fährt. Es ist sehr wichtig, dies über eine Straße zu wissen, die inmitten einer Großstadt verläuft, denn sie hat tatsächlich ein Profil, sie hat tatsächlich Höhe, sie ist wirklich ein Bauwerk.

Das gleiche gilt für ein Auditorium. Ein Auditorium will etwas ganz Bestimmtes sein, es will ein Instrument sein. Es kann nicht irgendein altes Instrument sein, denn ein großes Auditorium hat akustisch ein anderes Zeitmaß, einen anderen Klang als ein kleines. Gleichviel, wie sehr man sich anstrengt – man kann kein wirklich großes Auditorium bauen, ohne künstliche Mittel einzusetzen, die eine andere Tonqualität hervorbringen als die eigentliche des geplanten Raumvolumens. Ich halte nichts von Lösungen nach dem Motto: „Erst einmal werde ich eine Form finden und sie später akustisch korrigieren." Das wäre nichts als Design. Ich werfe dem Design ein solches Vorgehen vor, weil Designer unweigerlich immer wieder mit viereckigen Rädern anfangen und schließlich doch runde verwenden müssen. Aber sie fangen mit viereckigen Rädern an, weil sie anders sein wollen. Oder sie fangen mit kurzhalsigen Giraffen an. Die Giraffe schreit laut, sie habe einen langen Hals. Aber nein, sagt der Designer, den wolle er nicht. Und so macht er eine Giraffe mit einem kurzen Hals. Schließlich zeigt sich, daß die Giraffe „aus praktischen Gründen, verdammt noch mal," einen langen Hals haben muß, und das stimmt ja. Aber jemanden, der auf Erkenntnisse aus ist, kümmert es nicht, wie eine Giraffe aussieht. Tatsächlich ist ja die Giraffe, wenn man es sich überlegt, ein ziemlich lächerliches Tier; vom Design-Standpunkt aus ist sie völlig ungereimt. Aber ähnlich kommt das Stachelschwein in die „Ordnung der Dinge" und sagt, „Ich will ein Stachelschwein sein". Und die ORDNUNG sagt, „Mein Gott, was für eine Idee! Wer hat sich bloß dieses häßliche Ding ausgedacht!" „Oh", sagt das Stachelschwein, „aber ich will dennoch ein Stachelschwein sein", und die ORDNUNG spricht: „Na ja, aber damit habe ich wirklich nicht viel zu tun." Und das ist wahr. Die Natur ist nicht an Form interessiert, nur der Mensch befaßt sich mit Form. Die Natur paßt sie den Umständen an. Wenn die Ordnung der Dinge sich in der Natur der Dinge erfüllt, dann ist ihr jede Form recht, die der eigentlichen Natur der Dinge entspricht. Deshalb gibt es so merkwürdig aussehende Tiere. Weil nämlich ein gewisser Lebenswille in solchen Wesen ist, der sich in ein derartiges Tier verwandelt, und Natur nicht an Form interessiert ist. Wir aber sind es. So ist es letztlich der Daseinswille von irgend etwas, von einem Auditorium, einer Straße, einer Schule, der die Form hervorbringt. Denken Sie nur einen Augenblick an eine Schule. Eine Schule. Was ist die Daseinsform einer Schule?

Wenn man ein Programm der Schulbehörde in die Hand bekommt, so steht bei uns zulande an erster Stelle, daß sie einen 2 m hohen Drahtzaun und Türen aus rostfreiem Stahl haben muß und daß die Flure mindestens 2,70 m breit und alle Klassenräume gut durchlüftet und ausreichend belichtet sein müssen, und überhaupt muß alles eine bestimmte Größe haben. So bekommt man viele Angaben, die dem Praktiker helfen, wenn er die Grundregel der Regeln befolgt, nämlich einen guten Gewinn aus seinem Auftrag zu ziehen. Aber so arbeitet ein Architekt nicht. Ein Architekt stellt sich die Schule als eine Komposition aus Räumen vor, in denen es sich gut lernen läßt. Aber gerade Schulen haben sich, wie ich finde, heute von der ursprünglichen Idee oder der Daseinsform oder dem Samenkern „Schule" weit entfernt.
Denken Sie sich einen Mann unter einem Baum, der zu ein paar Menschen über eine Erkenntnis redete, die er gehabt hat – einen Lehrer. Er wußte nicht, daß er ein Lehrer war, und diejenigen, die ihm zuhörten, betrachteten sich nicht als Schüler oder Studenten. Sie waren einfach da, und sie machten gern die Erfahrung, mit jemandem zusammenzusein, der eine Erkenntnis hatte – einen Sinn für Ordnung. Und so fing es an. Aber rund um diesen Mann entstand ein Bedürfnis, und das wuchs. Man spürte, daß seine Existenz auf dieses Bedürfnis antwortete. Um ihn versammelten sich Menschen, die sich sagten, sie würden auch ihre Kinder gern zu diesem Mann schicken – weil es schön war, zu wissen, zu erkennen, was er erkannte. Und so entstand ein unmittelbares Bedürfnis nach dieser Sache, diesem Phänomen, diesem Samenkorn, nach diesem Anfang, der da heißt „Lehrer" und „Schüler".
Jede Stadt besteht aus Institutionen. Wenn Sie sich die Entstehung einer Stadt vorstellen sollten, müßten Sie als erstes die Organisation dieser Institutionen bedenken. Aber man müßte sie zuerst prüfen und wirklich wissen, was sie sind. Bei einer Einrichtung für das Lernen muß man einen Zusammenhang von Räumen im Sinn – im Gespür haben, der dem Lernen entgegenkommt, und nicht ein Programm, das festlegt, wieviel von dem und wieviel von jenem man haben muß. So könnte man sich zum Beispiel einen pantheonartigen Raum vorstellen. Man wüßte vielleicht keinen Namen dafür – es wäre einzig ein guter Ort, um einzutreten und „Schule" zu sagen – und von diesem Raum gingen andere Räume ab: kleine und große, einige mit Licht von oben, andere mit Licht von unten, einige große Räume für viele Menschen und einige kleine für wenige Menschen, einige kleine Räume für viele und einige große für wenige, einige Zwischenräume, einige Räume, in denen man sich auf andere Weise trifft als sonst. Und keiner wird mehr „Auditorium" oder „Klassenraum" oder „Zwischenraum" oder sonstwie heißen,

weil das Raumgefüge selbst das Gefühl vermittelt, daß man hier gut lernen kann. Das ist alles, was man wissen muß. Das Programm ist nichts. Das Programm ist ein Hindernis. Das Programm verlangt eine Antwort, sonst nichts.

Wirtschaftlichkeit ist nicht eine Frage des Etats. Wirtschaftlich ist es, so zu bauen, wie ich es gerade beschrieben habe. Der Etat ist eine Sache des Programms, das auf einem anderen Programm basiert, dem wiederum ein anderes Programm zugrunde liegt, und alle sind dumm, und es bleibt einem nichts anderes übrig, als darum zu kämpfen, das zu schaffen, was weitaus mehr kosten sollte, als der Etat zuläßt. Denn niemals, niemals kann man so das eigentlich Richtige zum Ausdruck bringen. Wenn man hingegen das Raumgefüge baut (von dem ich sprach), macht man die Institution fühlbar, man macht sie lebendig, man macht sie zu einem Teil der Stadt.

Hier war von Urbanismus die Rede. Nun, ich würde gern dieses eine hinzufügen, daß es sich nämlich bei Urbanismus um eine Untersuchung der Institution Wohnen, der Institution Verkehr, der Institution Schule, um Institutionen aller Art handelt. Sie sehen, es sind wirklich lauter Institutionen, weil ihnen eine gemeinsame Idee unterliegt – weil in ihnen Bedürfnisse manifest geworden sind.

Wenn also eine Schule genau das ist – ein Gefüge von Räumen, in denen man gut lernen kann –, dann ist es die Aufgabe des Architekten, das Programm zu verändern, das im Programm wieder lebendig werden zu lassen, womit einst Schule begonnen hat.

Der Geist des Beginns ist immer und zu jeder Zeit der wunderbarste Augenblick für alles. Denn im Beginn liegt der Samen für alles, was folgt. Nichts kann beginnen, wenn es nicht alles enthält, was jemals daraus entstehen könnte. Das ist das Merkmal allen Beginnens, sonst handelt es sich nicht um ein Beginnen – oder es ist ein falsches Beginnen.

Daher war jener Augenblick unter dem Baum der Beginn der Institution „Schule". Inzwischen aber ist sie sich selbst vollkommen entfremdet, weil zu viele dabei mitreden, die sich ein Gefühl für sie anmaßen, die aber schon lange ihre wahre Bedeutung vergessen haben; und der Architekt muß immer zur Stelle sein, um das, was sie wirklich sein will, wiederzubeleben.

Nehmen wir einmal, in unserem Lande, ein Rathaus. Man geht daran vorbei, aber in Wirklichkeit ist es ein Ort, an dem niemand mehr teilnimmt. Da werden keine Versammlungen abgehalten. Es ist ein Ort, an dem der Bürgermeister sich nur ungern aufhält. Wo man Steuern und Gebühren bezahlt. Alles, was er gar nicht repräsentiert, repräsentiert ihn. Partizipation – die ursprüngliche Daseinsberechtigung, das, was ein Rathaus zum Rathaus macht, zum Dorfanger, zu einem Ort, wo man sich zusammenfindet (und Partizipation war das Wichtigste an diesem Ort) – das existiert nicht mehr.

Angenommen, man möchte sich hier begegnen, um bestimmte kulturelle, soziale oder andere Interessen unserer Demokratie zu unterstützen. Man findet dafür keinen Ort mehr. Das Rathaus, das einst dieser Ort war, ist heute etwas ganz anderes. Es sollte wieder ein Reich von Räumen sein, in denen Menschen sich begegnen und wo Springbrunnen spielen. Wenn Picasso nach Philadelphia kommt, sollte er nicht ins Shercton Hotel gehen müssen, was er jetzt muß. Wo sonst könnte man ihn hinführen? Sie hier in Europa sind glücklicher dran, Sie haben mehr Sinn dafür als wir in Amerika. Ich erwähne das nur, weil es sich als Beispiel geradezu anbietet.

Nehmen Sie einmal die Institution „Haus". Ein Haus muß drei wichtige Anforderungen erfüllen: es muß das „Haus" sein, das Haus im symbolischen Sinne, und es muß *ein* Haus sein, was das eigentliche Problem ist. Ein Haus ist ein Ergebnis der Umstände. Es zeigt, wieviel Geld vorhanden ist. Es verrät, wer der Bauherr ist. Es teilt mit, wo es liegt und wie viele Zimmer es hat. Es bedeutet eine ganze Menge Dinge. Aber den Architekten macht aus, daß er fähig ist, *das* Haus zu bauen, nicht *ein* Haus. Das ist es, was Architektur wirklich ist. *Ein* Haus kann irgend jemand aus der Branche bauen, aber den Architekten erkennt man am Typus Haus, am *Haus* als Symbol. Irgendwie muß er eine Anordnung von Räumen erfinden, in der sich gut leben läßt. Manchmal hat er dafür nur sehr wenig Raum zur Verfügung, aber es ändert nichts an seiner Aufgabe, und so muß er sie fertigbringen. Er bezeichnet die Zimmer nicht als Schlafzimmer, Wohnzimmer und Küche, sondern allein durch die Art, wie er die Räume erschließt, muß offenkundig werden, daß es alles Notwendige gibt und daß es zu Recht da ist und daß es genauso sein will. Was man Haus nennt, ist in Wahrheit ein Raumgefüge. Und dann gibt es noch etwas, wozu der Architekt nichts beitragen kann, und das ist das *Heim*. Das *Heim* hat mit den Menschen zu tun, die es bewohnen, und es ist nicht seine Sache, außer daß er alles so vorbereiten muß, daß es sich für ein *Heim* eignet. Aber jedes dieser drei Merkmale – oder richtiger vielleicht Bedeutungen von *Haus* – müssen dasein.

Was nun den Planungsaspekt angeht – da wir ja von Urbanismus sprechen –, so habe ich einige Beobachtungen angestellt. Wenn ich an eine Straße denke, denke ich nicht an die Straße *an sich* und lasse es dabei bewenden. Ich bleibe stehen und frage: „Eine Straße? Was ist eine Straße? Muß ich voraussetzen, daß eine Straße eine Straße ist?" Nein. Eine Straße ist entweder ein Bach oder ein Fluß oder sie ist

ein Dock. Sie ist etwas, das ganz verschiedene Beschreibungen zuläßt, je nach Art der Bewegung, die ich in ihr beobachten kann.
In unseren heutigen Straßen gibt es neue Arten von Vorwärtskommen. Es ist nicht mehr die Bewegung von Pferd und Wagen. Aber unsere Straßen sind immer noch Pferd-und-Wagen-Straßen. Der einzige Unterschied ist, daß wir keine Pflöcke mehr in den Straßen haben, an denen man die Pferde festbinden kann. Wir haben statt dessen Zapfsäulen. Aber die Straßen sind noch genau die gleichen. Wenn man heute durch die Straßen von Paris geht, hat man nicht das gleiche Gefühl dabei wie früher. Man muß unausgesetzt um sein Leben fürchten und kann nicht mehr auf seine Umgebung achten.
Die Bedeutung von Straße: Es gibt da eine Art von Charakter, von Bewegung, von Schwung (wie Smithson gezeigt hat), die sich sehr genau fassen läßt und diesen *Ort* ausmacht (Ort ist ein viel besseres Wort, es ist mir nur nie eingefallen). Sie ist eine Art Empfangshalle, dieser Ort. – Ja, Ort, das ist das richtige Wort für sie. Und es ist immer noch die gleiche Straße, nur wir definieren sie jetzt neu. Wir geben ihr ein neues Leben, indem wir sie neu definieren. Und dann fügen wir jene neuen Dienstleistungen dem schon Bestehenden hinzu und lassen nicht zu, daß sie sich aufs Geratewohl entwickeln – zum Beispiel hier und dort eine Garage –, was das Bild der Stadt zerstören könnte.
Ursprünglich wurde das Bild der Stadt ganz und gar durch das System der Verteidigung geprägt. Die Mauern und anderes wurden nicht vom Architekten geschaffen, sie waren Teil des Verteidigungsrings. Jede besondere Stadtgestalt ging aus den Gegebenheiten hervor; weil die Stadt auf einem Berghang lag oder weil sie aus einem bestimmten Stein gebaut war oder weil sie an einem Fluß lag. Es waren die Umstände, die die Städte verschieden aussehen ließen. Aber die Verteidigung bestimmte sehr genau, was, wann und wo der einzelne zu tun hatte. Eine Stadt ohne diese Art von Ordnung war unvorstellbar.
Heute ist es ebenso unvorstellbar, daß eine Stadt kein Verkehrssystem hat, in dem sich jedes Bewegungselement genau in seiner Funktion definiert, so daß sich Form darum herum ausbilden kann. Bewegung ist etwas Form-Bildendes. Ich glaube, das Zonieren sollte mit den Straßen beginnen, nicht mit Gebäuden. Wenn man Straßen planerisch festlegt, wie die Smithsons es in ihrem Projekt getan haben – mit anderen Worten also ihre Funktion bestimmt –, dann bestimmt man automatisch auch die Funktion der Umgebung und der Gebäude.
Mit anderen Worten: die allgemeine Aktivität in einer Straße hängt ab von der Bewegung in ihr, und sie hängt ab von der Gestaltung dieser Bewegung. Zu der Gestaltung dieser Bewegung gehören auch Gebäude. Nicht nur die Straße. Es geht eben nicht nur um die Straße.

Expressways are like RIVERS
These RIVERS *frame the area to be served*
RIVERS *have* HARBORS
HARBORS *are the municipal parking towers*
from the HARBORS *branch a system of* CANALS *that serve the interior*
the CANALS *are the go streets*
from the CANALS *branch cul-de-sac* DOCKS
the DOCKS
serve as entrance halls
to the buildings.

Schnellstraßen sind wie FLÜSSE
Diese FLÜSSE umrahmen die zu bedienenden Blocks
FLÜSSE haben HÄFEN
als HÄFEN dienen die öffentlichen Parkhäuser
von den HÄFEN gehen KANÄLE aus, die das Innere erschließen
die KANÄLE sind die Fußgängerstraßen
die KANÄLE führen zu Sackgassen, den DOCKS
die DOCKS
sind die
Eingangshallen
zu den Häusern

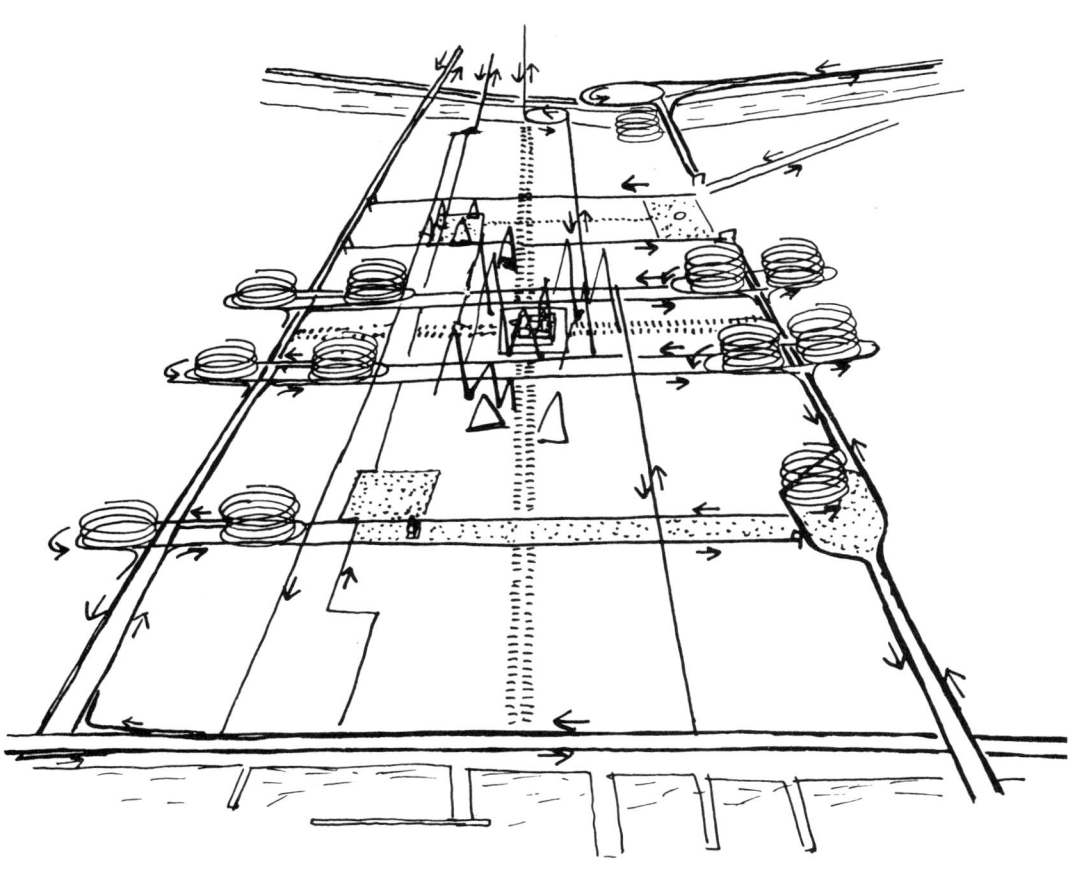

Dann sind da die Bauten, die zum Halten zwingen. Bauten, die man im allgemeinen Parkhäuser nennt und die ich Torweg oder Einfahrt nenne. Für mich sind sie in Wahrheit monumentale Strukturen, nichts als hochgezogene Straßen, Straßen, die zu einem Abschluß gekommen sind. Sie bilden Skulpturen – sie formen das Bild einer Stadt, wie man es heute kennenlernt. Man kann sie ganz in der Nähe planen, man kann sie auch weiter weg planen. Aber man findet bestimmte Formen in Folge vor, die aus dem System der Bewegung abgeleitet sind. Das ist ein guter Beginn für eine Stadt.
Ich habe einen Entwurf gesehen, und was mir auffiel an diesem Plan, das waren Gebäue, die man regelmäßig entlang der Peripherie einer alten Stadt verteilt hatte. Sie waren um die Stadttore gruppiert und waren deshalb sehr auffällig. Das gefiel mir nicht. An den Eingang zu einer Stadt wünsche ich mir ein Tor. Aber ich würde nicht gern Leute, die über anderen Leuten wohnen, über denen wieder andere wohnen, als Symbol für Eingang benutzen. Nein. Die sollten anderswo untergebracht werden. Weil nämlich Wohnungsbau nichts anderes sein will als ein Haus, aber es kann nicht ein Haus sein, also muß es ein Haus über einem Haus über einem Haus über einem Haus sein und dennoch zum Inbegriff *Haus* werden. Als Tor, das in die Stadt führt, kann es also nur das falsche Element sein. Was man dort braucht, ist ein Tor, das zum System der Bewegung gehört, und nicht Wohnbauten, die eben kein Element der Bewegung sind. Ein Wohnbau ist etwas, wo man ankommt – aber es ist nicht Teil der Bewegung. Deshalb würde sich – wenn man eine Vorstellung von Bewegung hat – die gesamte Konzeption ändern. Sie müßte ganz anders werden. Sie würde nicht aufeinandergestapelte Leute und aufeinandergestapelte Toiletten zu einem Element der Bewegung machen. Es würde einfach nicht passieren.
Ich sagte, als ich von Räumen sprach, daß Architektur die gedankenvolle Erschaffung von Räumen sei. Ich denke, das läßt sich auf vielerlei Art sagen. Ich habe oft darüber nachgedacht, ob es wohl eine ausreichende Definition sei. Sie ist es nicht. Dennoch, für den Augenblick, was sind – wenn wir über Räume nachdenken – architektonische Räume?
Ich denke, ein architektonischer Raum macht sichtbar, wie er gemacht ist; er zeigt seine Balken und Stützen, man sieht die Mauern, die Türen, die Kuppel als Teile von Raum. Wenn wir nach Ausgangspunkten suchen, um Architektur zu definieren, dann bietet es sich an, mit dem architektonischen Raum zu beginnen, der zeigt, wie er gemacht ist. Schon die Einführung einer Säule oder eines Dachbalkens geschieht im Hinblick auf das Licht; denn es gibt keinen wirklichen Raum in der Architektur ohne natürliches Licht. Kunstlicht bringt das Licht nicht

Neuland in der Architektur

wirklich in einen Raum, weil ihm die Empfindung für die Tages- und Jahreszeit fehlt, weil ihm alle Nuancen fehlen. Das Augenblickslicht einer elektrischen Glühbirne bietet keine Vergleiche. Es ist lächerlich zu glauben, daß eine Glühbirne bewirken kann, was die Sonne oder die Jahreszeiten bewirken. Es ist das natürliche Licht, das die wahre Empfindung für den architektonischen Raum vermittelt. Und des Nachts wird er dann zu einem völlig anderen Raum. Und schon allein diese Wahrnehmung macht klar, daß man das elektrische Licht nicht dort installieren kann, wo die Sonne hereinscheint, weil der Versuch, sie nachzuahmen, zu lächerlich ist. Warum also nicht ganz anders damit umgehen? Lassen Sie sich doch für Ihre Kronleuchter lauter verrückte Dinge zum Thema Nacht einfallen. Ich habe gelesen, man solle das Kunstlicht genau dort installieren, wo das Tageslicht einfällt, wie absurd, wenn man an all das denkt, was die Sonne mit den Räumen tun kann, was das Tageslicht tun kann, welche Wunder...
Räume schaffen heißt zugleich Licht erschaffen. Zerstört man das Licht, so zerstört man auch den Rhythmus, das heißt, die Musik des Raumes, und Musik ist so wichtig für die Architektur.
Es gibt da noch so eine Sache, die ich erwähnen muß, ehe ich sie vergesse. Ich glaube, daß Musik der Architektur enger verwandt ist als Bildhauerei oder Malerei. Wenn man an Musik denkt, so fühlt man die Nähe zur Architektur geradezu. Ich persönlich meine, daß jeder Architekt lernen sollte, Musik zu schreiben. Es ist wunderbar, sich vorzustellen, daß jemand, der komponiert, nicht betört ist von der Schönheit dessen, was er als eine Art Schrift sieht – sondern betört ist von dem, was er hört. Der Musiker hört, was er komponiert – er sieht es nicht. Der Architekt kommt und schaut sich seine Zeichnungen an und sagt: „Ist das nicht wundervoll? Ich glaube, ich lasse eine Vergrößerung davon machen und hänge sie mir ins Wohnzimmer!" Dem Musiker bedeutet das, was er hinschreibt, etwas, das über ihn hinausreicht – es bedeutet Ton – es bedeutet die Organisation von Tönen. Ein Architekt muß aus seinen Entwurfszeichnungen das Leben herauslesen, das seine Bauten (durch seine Pläne) haben werden. Seine Anordnung der Räume gleicht einem Notenblatt. Man soll die Säulen, die Balken, die Wände vorwegspüren. Man muß sagen können: in diesen Innenraum muß Licht hinein. Ich habe einen Raum geschaffen, ich muß Licht einlassen. Ich suche eine gewisse Ordnung. Ich halte nach ihr Ausschau. Ich suche in meinem Entwurf nach der raumbildenden Qualität. Ich glaube, ein Notenblatt und ein architektonischer Entwurf sind das gleiche.
Jeder Raum braucht eine eigene Definition für das, was wir ihm zu tun auftragen, und daraus wächst sein Äußeres, sein Inneres, das Gefühl

für Räume, das Gefühl anzukommen. Alles dies teilt sich mit, sobald wir uns ein Raumgefüge vorstellen – eine Hierarchie von Räumen – und nicht einfach nur von einem Gefühl reden. Es genügt nicht zu sagen: „Ich fühle, daß das hier größer sein und jenes sich dort ausbuchten sollte", und so weiter. Das kann man auch tun, und es ist durchaus richtig, es zu tun – aber es muß einer Art innerer Struktur entsprechen, die einem erlaubt, so zu verfahren, genau so wie der Musiker seine formale Struktur und Disziplin hat, die ihm erlaubt, auf fast jedem Instrument zu spielen. Es gehört zu seinen Fähigkeiten. Auf ähnliche Weise muß es zu unseren Fähigkeiten gehören – und ich denke, einige von Ihnen sind vertraut mit meiner Art, es auszudrücken –, Räume genau zu unterscheiden. Die dienenden und die bedienten Räume – das ist zweierlei. Es ist durchaus denkbar, daß ein Entwurf mit dieser Unterscheidung beginnt, und der Architekt sagt: „Ach, bitte, rühren Sie nicht daran!", und der Bauherr sagt: „Ich brauche ein Büro. Ich brauche eine Toilette, ich brauche einen Einbauschrank, ich brauche ein paar Dinge in dem Raum", und der Architekt sagt: „Ach bitte, tun Sie das nicht, hier ist etwas Wundervolles entstanden, das in sich stimmt, Sie dürfen nicht daran rühren." Und der Bauherr sagt: „Aber ich brauche es." Und der Architekt sagt: „Verlegen Sie es in den Keller, hier können Sie es nicht haben. Es ist mir wirklich sehr wichtig, alles hängt davon ab."

Tatsächlich irrt der Architekt. Da ist ein sehr beschränkter Mensch am Werke. Denn was er vermutlich auf andere Weise zuwege bringen würde, könnte sogar besser sein. Der Bauherr würde die Räume erhalten, die er haben will, und der Architekt würde Raumzonen entwickeln, die diesen Räumen zu Diensten sind.

Der Architekt muß einen Weg finden, die dienenden Funktionen unterzubringen, ohne sein Raumkonzept zu zerstören. Er muß eine neue Art von Säule erfinden, er muß einen neuen Weg finden, damit diese Dinge funktionieren. Und er braucht die Einmaligkeit seines Entwurfs dafür nicht aufzugeben. Aber man darf nicht denken, dies sei das eine Problem und jenes ein ganz anderes.

Tatsächlich sind das wunderbare Offenbarungen, weil nämlich der moderne Raum sich vom Renaissance-Raum nicht unterscheidet. In mehr als einer Hinsicht nicht. Wir wollen immer noch Kuppeln, wir wollen immer noch Wände, Bögen, Arkaden und Loggien aller Art. Wir wollen alle diese Dinge, und da wir das glauben, brauchen wir sie auch. Aber sie haben einen anderen Charakter, weil ein Raum heute etwas anderes verlangt. Wenn ich heute eine Kuppel baue, muß sie mir keine Antwort geben. Sie muß schweigen. Eine Renaissance-Kuppel antwortet mir, und das ist in Ordnung, aber eine moderne nicht.

Irgend etwas im Vorgang ihrer Entstehung macht, daß sie nicht zu mir spricht.

Ein weiteres Charakteristikum dieser Kuppel ist, daß sie die Temperatur ausgleicht. Ich muß darauf sehen, daß sie warm ist, wenn es draußen kalt ist und kühl, wenn es draußen warm ist. Das ist eine entschiedene Forderung der modernen Gesellschaft. Wenn wir sie nicht gründlich genug beachten, wird uns zweifellos nach und nach der Druck und die Wut der Geschäftswelt (oder von irgend jemand anderem) dazu bringen, es zu tun.

Aber da gibt es noch etwas anderes – das Licht. Wenn man dies alles erst bedenkt, nachdem die große Form da ist – vorausgesetzt, daß ein richtiger Konstrukteur wie Candela oder Nervi den Bau ausführt – und man erst dann fragen würde: „Also, wie sollen wir das jetzt belichten?", dann hat man falsch gedacht. Oder wenn man dann erst fragen würde: „Woher kommt die Luft?", dann hat man gleichfalls einen Fehler gemacht. Der Entwurf muß die dienenden Funktionen so einbinden, daß sie alles liefern können, wovon ich sprach – die Klangfarbe, das Licht, den Temperaturausgleich; in der Konstruktion werden diese Dienstleistungen dann wie von selbst enthalten sein.

Ich habe vorher vom *Beginnen* gesprochen. Ich möchte jetzt darauf zurückkommen und mehr darüber sagen. Ich würde gern über die Renaissance sprechen und über Giotto im besonderen.

Giotto war ein wunderbarer Maler. Aber warum war er so wunderbar? Weil er den Himmel am Tage schwarz malte. Weil er Hunde malte, die nicht laufen konnten, Vögel, die nicht fliegen konnten, und Menschen, die größer waren als die Gebäude. Er konnte das, weil er eben ein Maler war. Er war weder Architekt noch Bildhauer.

Die Vorrechte des Malers erlaubten ihm – die bloße Tatsache, daß er auf diese Weise zeichnen konnte, erlaubte ihm –, es so zu tun. Die Weite seiner Phantasie war seine Sache, ganz entschieden seine Sache.

Aber Giotto ging auch auf Bedürfnisse ein, indem er sich an Allegorien hielt, sagen wir, in diesem Falle, die des heiligen Franziskus. So fand er in Franziskus den richtigen Gefährten beim Malen. Die Leute verstanden es. Trotz seines Beharrens auf den Rechten des Malers, die Giotto von Grund auf verstand – fühlte –, verband er das Leben des heiligen Franziskus mit der mystischen Atmosphäre, die nötig war, um ihm seine religiöse Bedeutung zu geben, er malte Edelmut, Opferbereitschaft, Heiliges eben.

Chagall, kein ganz so großer Maler, spürte diese Freiheit gleichermaßen. Moderne Maler haben die gleiche Freiheit. Ich denke jedoch, daß die modernen Maler noch keine Form gefunden haben.

Giotto fand eine Form, und deshalb folgten ihm andere sofort. Die Künstler spürten unmittelbar, daß sie – ausgehend von den Vorrechten des Malers, die Giotto für sie gewonnen hatte – ein neues Leben beginnen konnten. Aber moderne Maler haben ihre Form noch nicht gesetzt. Nun meine ich nicht unbedingt eine endgültige Form, ich meine eigentlich eine Vor-Form.

Vorform ist archaische Form. In dieser Vorform ist tatsächlich mehr Leben, mehr von der Geschichte, die sich danach entwickelt, als irgend jemand, der vor ihr davonläuft oder nur ein wenig von ihr kostet, jemals erreichen kann. In der Vor-Form, im Anfang, in der ersten Form – liegt mehr Kraft als in allem, was folgt. Und ich glaube, es läßt sich eine Menge aus diesem Gedanken gewinnen, wenn er Ihnen (nicht nur mir) im Hinblick auf das, was er bedeuten könnte, durch den Sinn geht. Denn ich mache mir wirklich Sorge um all die schönen Dinge, die uns heute umgeben.

Zum Beispiel sorge ich mich um den Seagram Tower. Er ist eine schöne bronzene Dame, aber drinnen ist sie in ein Korsett gepreßt. Vom ersten bis zum fünfzehnten Geschoß trägt sie ein Korsett, aber man sieht es nicht. Sie ist eine schöne bronzene Dame, aber sie ist nicht echt. Innen hat sie nicht die gleiche Gestalt wie außen.

Die erste Form könnte ein Prototyp sein. Sie mag in den Augen des Betrachters nicht schön sein, aber für den Künstler ist sie schön. Sie ist Form, noch ehe Schönheit im üblichen Sinne ins Spiel kommt.

Denken Sie einen Augenblick an die Bildhauerei. Die Griechen symbolisieren in ihrer archaischen Skulptur (und natürlich in der Skulptur der Folgezeit, aber nicht so deutlich wie in der archaischen) menschliche Wesensseiten, indem sie Bilder des Menschen darstellten. Der Rücken war immer dienstbereit – er kannte keine Lungenbeschwerden – er war immer dienstbereit. Die Arme waren immer tragfähig. Die Augen konnten nicht sehen, aber sie sahen in alle Ewigkeit.

Diese Eigenschaften begreift man sehr nachdrücklich. Der Helm des antiken Kriegers war mehr heraldisch als nützlich. Er konnte damit nicht in die Schlacht gehen – er würde sofort einen Schlag auf den Kopf bekommen. Er konnte damit auch nicht marschieren. Aber darum ging es nicht. Der Bildhauer begriff, daß er auf etwas hinwies, etwas symbolisierte, etwas von Dauer. Das war das Wichtige – daß die Skulptur keineswegs den Menschen darstellen wollte.

Später wollten sich die Skulpturen vervollkommnen – „Schaut doch, wie häßlich die Arme der Dame sind, wie disproportioniert dieser Rücken ist!" Man legte den Geist falsch aus – aus dem die Skulptur tatsächlich ihren Anfang genommen hatte –, der verschiedene Erkennt-

nisse über den Menschen zu symbolisieren versuchte. Und sich dabei der Gestalt des Menschen bediente, weil er ihn ernst nahm.
Wie soll man es nun in der Architektur halten? Nun, ich habe versucht, es zu erläutern, indem ich sagte, was ein Raum ist, was eine Sache sein will. Es gibt neue Probleme heute, ungeheure Probleme, an die sich Architekten nicht wagen, weil sie über äußere Formen nachdenken. Sie denken an alle möglichen äußerlichen Dinge, ehe sie dazu kommen, annähernd zu begreifen, was ein Raum wirklich sein will.
Wenn sie nur eine Gelegenheit hätten, mehr als nur einen Einzelraum oder zwei der drei oder eine einfache Komposition zum Ausdruck zu bringen. Etwa den Campus einer Universität, irgend etwas in der Art, was ja schon soviel ist wie eine Symphonie.
Was ist denn der Campus einer Universität? Lassen Sie uns ein wenig darüber sprechen. Er ist in der Tat ein Gefüge von Räumen, die durch Fußwege miteinander verbunden sind, und diese Fußwege sind überdacht (das erscheint logisch). Er setzt sich zusammen aus hohen und niedrigen Räumen und allerlei Räumen, in denen die Leute Platz finden, um zu tun, was sie wollen.
In den wenigen Universitätsbauten, die ich entworfen habe, bin ich zu einigen Einsichten über bestimmte Räume gekommen. Ich sagte mir ganz einfach: In einem Universitätsgebäude, das ein medizinisches Laboratorium ist, sollte die Luft, die man einatmet, niemals mit der verbrauchten Luft in Berührung kommen. Das ist alles. Dann sagte ich mir, ein Wissenschaftler ist wie ein Künstler, ist wie ein Architekt: er arbeitet nicht gern wie im MIT in Fluren mit Namensschildern. Er möchte in einer Art Werkstatt arbeiten. In einem Raum für sich allein oder auch zusammen mit Kollegen, die am gleichen Problem arbeiten. Er spürt es sehr wohl, wenn sein Raum eine Art Sackgasse ist oder ein Verkehrsweg oder eine Art Tunnel oder ein Podest vor dem Lift oder einer, wo die Rohrleitungen hindurchführen, oder einer, der so beengt ist, daß es ihm nie gelingen kann zu experimentieren, weil ihm immer irgendwelche Dinge im Weg stehen.
Im Medical Research Building in Pennsylvania habe ich gewisse Charakteristika für die Werkstatträume entwickelt. Dunkelheit und Licht werden nicht dadurch erzielt, daß man Sonnenblenden betätigt, sondern indem man das Gebäude so anlegt, daß Licht und Dunkelheit sich auf natürliche Weise verteilen.
Bei der Kunstgalerie der Yale University – und ich werde ganz offen Kritik an meinem eigenen Entwurf üben – bin ich nur zu sehr vagen Schlüssen bezüglich Ordnung gelangt. Ich habe die mir dort angebotene Erkenntnis nicht voll und ganz verstanden; hätte ich sie verstanden, wäre der Entwurf wahrscheinlich ganz anders ausgefallen. Auch

wenn ich sagen darf, daß einiges daran dennoch gut ist. Wenn ich heute ein Kunstmuseum bauen sollte, würde ich sehr viel mehr darum bemüht sein, Räume zu bauen, die der Galeriedirektor nicht so frei nutzen kann, wie er es wünscht. Ich würde ihm viel mehr Räume anbieten, die durch gewisse unveränderliche Charakteristika eindeutig geprägt sind. Dann würden die Besucher – allein durch das Wesen des Raums – ein bestimmtes Objekt ganz anders wahrnehmen. Der Direktor würde mit einer solchen Vielfalt von Beleuchtungsmöglichkeiten ausgestattet sein – von oben, von unten, durch kleine Schlitze oder woher auch immer –, daß er wiederum das Gefühl hat, ein ganzes Arsenal von Räumen zur Verfügung zu haben, in denen sich Dinge jeweils anders zeigen lassen.

Auch dunkle Räume sind, so meine ich, sehr wichtig. Aber um dem Argument treu zu bleiben, daß ein architektonischer Raum natürliches Licht braucht, würde ich ergänzend sagen: Ein Raum kann dunkel sein, aber er muß eine Öffnung haben, die groß genug ist, um so viel Licht einzulassen, daß wir wissen, wie dunkel er in Wahrheit ist; darum ist es so wichtig, natürliches Licht in einem architektonischen Raum zu haben.

Als ich über Giotto sprach und über die Vorrechte eines Malers, sprach ich von einem Reich. Ich würde gern ausführen, was ich mit Reich meine. Das Reich der Architektur umfaßt alle übrigen Dinge. Im Reich der Architektur gibt es Skulptur und Malerei, im Reich der Architektur gibt es Statik, es gibt Dienstleistung, es gibt alles. Aber die Betonung liegt auf Architektur. Die Architektur ist die Königin dieses Reichs. Sie ist der eigentliche Grund, daß es existiert. Und mir scheint, man erfährt dieses Reich am besten, wenn man die Wände berührt, die es begrenzen, wenn man weiß, daß man den Punkt erreicht hat, wo, wenn man durch die Wand hindurchgeht, man in ein anderes Reich überwechselt. Wenn man die Grenzen berühren kann – nicht die Begrenzungen, sondern die Grenzen, wenn man weiß, wie weit man gehen kann – ich glaube, in diesem Augenblick weiß man, was ein Reich ist.

An der Hochschule, an der ich studierte, gab es eine Bibliothek, die in verschiedene Architektur-Epochen aufgeteilt war: die ägyptische, die griechische, die römische, die gotische und so weiter. Das war meine architektonische Welt. Wenn ich einen Friedhof entwerfen sollte, konnte ich nichts Besseres tun, als in die ägyptische Abteilung zu gehen, wo ich fand, was ich brauchte. So war mein Leben, und es war höchst vergnüglich. Ich durchblätterte die Bücher und sah wunderbare Beispiele, denen ich folgen konnte. Als ich dann mit der Schule fertig war, durchwanderte ich die Umgebung und kam an ein kleines Dorf, und dieses Dorf war mir nicht im mindesten vertraut. Es gab da nichts von dem, was ich bislang gesehen hatte. Aber gerade dieses Ungewohnte – dies Unvertraute – machte mir klar, was Architektur ist. Damals noch nicht, weil ich noch zu sehr mit Antworten beschäftigt war. Aber Le Corbusier stellte die Fragen für mich, und die Fragen sind unendlich viel mächtiger als die Antworten. So wurde durch die Frage – durch ihre Kraft – das Eigentliche deutlich.

Jemand hat einmal gesagt: „Eine gute Frage ist wichtiger als die beste Antwort", und das ist wahr. Eine gute Frage rührt an die Erkenntnis. Sie rührt an die Grund-Ordnung, während eine Antwort im Vergleich damit immer fragmentarisch bleit. Ich bin nie wirklich an die Architektur herangekommen, indem ich einfach nach dem Nächstliegenden griff; ich habe durch das Ungewohnte gelernt und erkannt, was Architektur wirklich ist.

Ich denke, es ist wunderbar, sich nicht zu fürchten, wenn man mit etwas Ungewohntem konfrontiert wird. Das läßt sich auch bei den CIAM-Treffen feststellen. Aber ich finde, daß zu viel Zeit damit vergeht, Nebensächliches zu erklären; Sie wenden so viel Zeit darauf, über Konturen und über Gestaltung und über all diese Dinge zu reden, die alle ungeheuer wichtig sind, aber doch nicht das Wesentliche des Problems. Wenn man nämlich ein Auditorium baut, geht es um Leute, die zuhören sollen. Das Wesentliche an einem Auditorium ist, daß man darin hören kann und daß es eine bestimmte Klangqualität braucht, damit man richtig hört. Darum muß Ihre erste Frage sein: Was weiß ich über ein Auditorium? Wenn Sie es in Island bauen, ist es das nächstliegende, es aus Eiswürfeln zu errichten. Aber auch das ist zufällig, nebensächlich: die Gestaltung ist nebensächlich. Was für ein Material man benutzt, ist nebensächlich, es ist ein Gestaltungsproblem, es ist ein praktisches Problem. Gestaltung ist nur die Notation, damit Ihre Komposition feststeht, damit Sie die Musik spielen können. Das ist alles sehr wichtig. Es ist die Bildersprache. Es ist das erste, was man sieht. Es ist das, was sich ertasten läßt.

Die Erkenntnis, was ein Auditorium ist, liegt weit jenseits der Frage, ob es sich im Sudan oder in Rio de Janeiro befindet. In das Wesen dessen vorzudringen, was man versucht zu entwerfen, um das hervorzubringen, was es sein will, sollte daher die erste Sorge – und auch der erste Schritt – sein, wenn ein Architekt einem anderen sein Projekt erklärt, und nicht all die nebensächlichen Dinge wie der verfügbare Geldbetrag und die Schwierigkeiten mit den Bauverordnungen und so weiter. Das sind, scheint mir, nebensächliche Dinge, die nur zeigen, wie geistreich man die Probleme, mit denen man konfrontiert war, gelöst hat. Aber es sind Gestaltungsprobleme; sie sind meiner Ansicht nach keine essentiellen Probleme der Architektur heute. Die Gegenwart ist keine Zeit irgendeines „Stils", sie ist eine Zeit des Vorwärtstastens – eine Zeit der Entdeckung. Sie ist, könnte man sagen, eine Zeit der Erkenntnis. Unsere Probleme sind neu, unsere besonderen Forderungen sind neu, und daher ist diese Zeit damit befaßt, bessere Institutionen zu schaffen als bisher. Unsere Institutionen sind heruntergekommen. Es sind keine guten Einrichtungen, weil die Räume, die ihnen dienen sollen, veraltet sind. Wir müssen nun Räume finden, die diesen Einrichtungen besser dienen. Darüber nachzudenken, was eine Schule sein sollte und was all die anderen Institutionen sein könnten, ist von größter Wichtigkeit. Das richtige Budget festzulegen, den richtigen Weg zu finden, um das wirklich Nötige vorzusehen, sollte die besondere Sorge und die Hauptbeschäftigung der CIAM sein.

Die Gruppe, die gestern gesprochen hat, ist zu einem Punkt gelangt, an dem eine gewisse Spannung spürbar wurde. Es ging um die Frage, wie man ein Problem angehen, wie man Einsicht in die Dinge gewinnen sollte. Das Klima der Diskussion sollte so sein, daß alle ohne das Gefühl, jemandem verpflichtet zu sein, wieder nach Hause fahren können. Jemand, der etwas entdeckt, was zum Wesen der Dinge gehört, verfügt damit längst nicht allein über die Dinge. Sein Entwurf gehört ihm, die Erkenntnis nicht. Wenn man Le Corbusiers Entwürfe kopiert, ist das so etwas wie Diebstahl. Aber man hat die Freiheit, etwas im eigentlichen Sinne Architektonisches von ihm zu lernen, denn das gehört auch ihm nicht. Es gehört in das Reich der Architektur. Die Tatsache, daß er es entdeckt hat, ist ein großes Glück für uns, aber über diesen Fund kann er nicht allein verfügen. Etwa im gleichen Sinne gehört Mozart nicht das, was er über Musik wußte, aber seine Kompositionen gehören ihm.

Ich würde gern damit schließen, will aber vorher noch Aldo meine Anerkennung aussprechen, der einfach über eine Tür gesprochen hat. Ich finde es wundervoll, daß sich die Dinge der Architektur so betrachten lassen. Die bloße Tatsache, daß man von einer einzigen Sache vollkommen in Anspruch genommen ist, ist wundervoll, und daraus können viele wundervolle Dinge entstehen; sie kann zu Erkenntnissen führen, die weit über das Problem von Tür und Tor hinausgehen.

Ich denke, es geht dabei nicht nur um die Beschäftigung mit den kleinen Dingen, nicht darum, ob man die Toiletten hier oder dorthin plaziert oder ob man eine hinreichend große Öffnung in der Wand hat, es geht um etwas viel Weiterreichendes, nämlich um das Klima, in dem dies alles sich entwickeln kann, was heißt, daß man einen Rahmen braucht.

Eine Stadt hat einen Rahmen, er beruht auf Bewegung. Diese Bewegung muß irgendwo anhalten, damit man stehenbleiben kann. Hier kommt der Fußgänger ins Spiel. Das heißt: es gibt einen Platz, eine Stelle, an der er stehenbleiben kann. Aber es ist heute nicht der gleiche Platz wie einst in Europa. Er ist keine bloße Wiederholung, er ist irgendwie etwas ganz anderes. Wir bewegen uns sozusagen auf Rädern, und daher wird ein Platz etwas ganz anderes. Denn man kann die Stadt einfach auslassen. Man kann sagen: „Ich fahre woanders hin."

Ich denke, daß die Städte mit der Zeit größer, dafür aber geringer an Zahl sein werden, so wie ich denke, daß sich in kleineren Orten nicht genug von der Kraft produzieren läßt, die man Stadt nennt. Ich glaube auch, daß die Einkaufszentren in unserem Land gar keine Einkaufszentren sind, sie sind allenfalls Zentren des Konsums und sie werden sich niemals zu etwas so Wundervollem entwickeln wie Märkte. Sie sind Einrichtungen zum Kaufen, nichts weiter. Und wenn die Autos fort sind, sind sie leer und stumm. Sie sehen dann aus wie verlassene Orte im amerikanischen Westen. Man sieht nichts, überhaupt nichts.

Ja, und jetzt würde ich gern Ihre Fragen hören.

Architekten scheinen seit jeher mit der Frage der Originalität und der Verwendung von Ideen anderer zu ringen. Was meinen Sie dazu?

Ich glaube nicht, daß Sie sich dadurch, daß irgend jemand Ihnen eine Tür geöffnet hat, eingeengt fühlen sollten, durchaus nicht. Aber die Ihnen so geöffnete Tür darf nicht dazu führen, daß Sie sagen: „Wie kann ich es jetzt anders machen, damit sich mir eine andere Tür öffnet?"

Es gibt das Phänomen, daß jemand etwas ganz Ungewohntes tut, und daß es richtig ist. Das Ungewohnte aber kann nicht existieren, ohne daß man fühlt, daß es notwendig ist. Man muß spüren, wie notwendig es ist. So wie ich es für Giotto beschrieben habe. Giotto brachte die Leute tatsächlich dazu, daß sie seiner Malerei bedurften. Und ich glaube, daß ein Kunstwerk eben diese Qualität des Notwendigen haben muß.

Ein Kunstwerk, würde ich sagen, ist so etwas wie eine Axt. Die Axt wurde von einem einzelnen geschaffen – nicht von der Gesellschaft. Aber die Gesellschaft bringt diesen einzelnen dazu, die Axt herzustellen, weil sie den Bedarf hervorgebracht hat. Zu Anfang war die Axt unvollkommen. Sie fiel vermutlich aus dem Stiel heraus, und man hatte Mühe, sie hochzuheben. Aber die Gesellschaft verlangte, daß sie weiterentwickelt würde – sie brauchte sie.

Kunst hat ganz entschieden etwas von dieser Art. Kunst stellt eine sinnvolle Form her. Sie ist ein wesentlicher Teil unseres Lebens, ja, sie ist in der Tat ein konkretes Ergebnis von Religion; denn Gefühle, auf ihrem Höhepunkt, sind Religion. Keine ritualisierte Religion. Ich meine eine Religion, aus der wir Gefühle wie das Edle, wie Würde und Größe ableiten – diese Art Religion.

Was halten Sie von Gruppenarbeit und befürworten Sie Partnerschaft in der Architektur?

Nun, ich glaube, daß der eigentliche architektonische Akt – nicht der professionelle Vorgang von Planen und Bauen, das ist etwas anderes – nur von einer einzigen Person vollzogen werden kann. Einen Bau errichten, etwas zum Funktionieren bringen, das kann auch eine beliebige Anzahl von Personen, selbst eine Organisation. Aber alles, was mit der Erschaffung von Raum zu tun hat, der das wird, was er wirklich sein will, muß von dem, der es tut, eifersüchtig gehütet werden. Er kann diesen Vorgang nicht mit einem anderen teilen. Es wäre, als würde man zwei Maler bitten, zusammen *ein* Porträt zu malen. Es ist einfach unmöglich.
Ich denke, Erkenntnisse lassen sich auch im Teamwork gewinnen. Es ist durchaus möglich, daß zwei Personen, die miteinander arbeiten, zu Einsichten gelangen und sich gegenseitig stimulieren. Aber wiederum denke ich, daß, wenn ein Künstler wirklich ein Künstler ist, er mit geradezu peinlicher Sorgfalt auf sein eigenes Werk bedacht sein muß. Er kann seine Arbeit mit niemandem teilen. Wer dazu bereit ist zu teilen und mit anderen zusammenzuarbeiten, sollte das in seinem Leben nur für eine bestimmte Dauer tun.
Ich habe immer meine Bedenken gegenüber Partnerschaften gehabt, weil schließlich der eine oder der andere versuchen wird, einen Teil, der sich von dem übrigen nicht ablösen läßt, für sich zu beanspruchen. Wenn Partnerschaft wirklich funktioniert, dann ist sie ein hartes Stück Arbeit. Ich denke, daß, je mehr jemand Künstler ist, desto mehr bleibt er mit sich allein.
Ich gehöre nicht zu denen, die meinen, daß ein Architekt unbedingt einen Bildhauer oder Maler in seinem Team haben sollte. Ich bin der Überzeugung, daß es dem Architekten anvertraut ist, Räume zu denken – gedankenvoll Räume zu schaffen –, und wenn diese Räume aus sich heraus definiert sind, dann entstehen dabei wie von selbst die Orte, an den Skulpturen oder Malerei gedeihen können – wenn sie es wollen. In diesem Augenblick können dann, wenn man will, der Bildhauer oder der Maler hinzukommen.

Ich sage nicht, daß Zusammenarbeit unmöglich ist. Ich sage nur, daß ich glaube, ein Architekt würde sich nie erlauben, Räume zu schaffen, die den Maler so einbeziehen, daß der Ort, an dem er malen soll, von vornherein festliegt. Ein Maler kann sehr wohl zu dem Architekten kommen und sagen: „Ich möchte gern mit dir zusammenarbeiten"; denn er weiß ja viel von dem, was der Architekt zu tun versucht, und er kann ihm dadurch sehr helfen. In den meisten Fällen aber hat die Arbeit des Malers nichts mit Architektur zu tun. Um dem Maler verständlich zu machen, was der Architekt im Sinne hat, sollten Architekten Architektur schaffen.

In diesem Zusammenhang lassen Sie mich etwas zum Ornament sagen. Ich denke, das Ornament hat sich aus der Verbindungsstelle, aus dem Gelenk entwickelt. In der Art, wie Dinge gemacht sind, wie sie zusammengesetzt sind, wie sich eins zum anderen fügt, – in einer gelungenen Verbindung – dort entsteht das Ornament. Je mehr einer über Verbindungen weiß, desto mehr möchte er sie herzeigen. Und je mehr er sie herzeigen will, desto mehr möchte er auch die Distanz deutlich machen. Und um diese Distanz deutlich zu machen, möchte er die Dinge, die eigentlich klein und unbedeutend sind, übertreiben und karikieren. Der Anfang des Ornaments liegt in der Herausforderung, verschiedene Elemente in eins zu bringen. Da liegen die Probleme.

Man kann ein Ornament auch applizieren. Es gibt keinen Grund, warum man das nicht kann. Man muß es aber mit Witz applizieren und wissen, daß man es appliziert. Aber alles Übrige muß richtig behandelt werden. Man kann nicht einfach sagen: „Ich brauche das Ornament, weil diese Dinge zu klobig sind, und ich pack' also was drauf, damit es mehr Leben hat." Das wäre bedeutungslos, und das wissen wir alle.

Ich finde es nicht eigentlich schlecht, die Funktion eines Balkens zu übertreiben – ihn mehr von seiner Anstrengung mitteilen zu lassen. Allerdings bin ich überzeugt, daß Übertreibung, wenn sie sich am kleinen Objekt versucht, wirkungslos bleibt. Mit anderen Worten: eine kurze Spannweite läßt keine Übertreibung zu – es wirkt lächerlich. Je größer jedoch die Spannweite ist, desto deutlicher sagt die Säule zum Balken: „Ich mag dich", und sie streckt ihre Arme aus und wird augenfällig zu etwas, das sich weiterentwickeln läßt, und der Ausdruck dieses Übergangs, dieses Zusammentreffens von Säule und Balken, wird dann das Ornament sein.

Nachdruck aus Oscar Newman, New Frontiers in Architecture: CIAM in Otterlo 1959. (New York: Universe Books Inc., 1961, S. 205–216)

1961
Drei Projekte

1. Das Amerikanische Konsulat in Luanda, Portugiesisch-Angola

L. Kahn: Etwas, was mich während meines Aufenthalts in Luanda beeindruckte, war das ausgesprochen grelle Licht in der Atmosphäre... aus dem Inneren eines Gebäudes auf ein Fenster zu blicken, war unerträglich. Das von dunklen Wänden eingerahmte gleißende Licht da draußen erregte Unbehagen. Man neigte dazu, vom Fenster wegzusehen. Das andere, das mich beeindruckte, war der leichte Wind, der die warme Luft, die sich um das Gebäude staute, forttrug. Und ich fragte mich, ob es nicht gut wäre, eine architektonische Lösung für das Problem der grellen Helligkeit... der Blendung... zu finden, ohne irgendwelche Vorrichtungen am Fenster anzubringen, sondern vielmehr, indem man eine „warme Architektur" entwickelte... die in gewisser Weise die Geschichte dieses Problems mit dem grellen Licht „erzählt". Bei einigen der Bauten wurde eine Art... hölzernes oder gemauertes... Gitterwerk vor den Fenstern verwendet. Das war nicht gut, weil sich das Gitter dunkel gegen das Licht abhob; es entstand der Eindruck eines vielfachen Musters aus greller Helligkeit... Stecknadelköpfe... kleine Diamanten aus Grelle gegen die dunklen Rippen des Gitterwerks.

Ich stellte fest, daß Gebäude, die nahe ans Fenster heranrückten, vom Fenster aus ohne Anstrengung anzuschauen waren. Ich bemerkte auch, daß, wenn Leute in der Sonne arbeiteten – und viele, die Eingeborenen, taten das –, sie sich einer Mauer zuwandten und nicht dem offenen Land oder der freien Straße. Innerhalb der Gebäude drehten sie den Stuhl, auf dem sie saßen, zur Wand, und das Licht wurde von der Wand auf das, was sie gerade taten, reflektiert. Das gab mir die Idee ein, eine Wand in geringer Entfernung vor jedes Fenster zu setzen – etwas im Sinne einer eingeborenen Architektur. Wenn man aber nun eine Wand vor das Fenster stellte, würde sie einem den Blick abschneiden, und das ist nicht so gut. Man läßt sich nicht gern die Aussicht nehmen; also dachte ich daran, Öffnungen in der Wand unterzubringen – womit die Wand Teil des Fensters würde. Wenn Licht auf diese Wand fiele – sogar direktes Sonnenlicht –, würde sie die Grelle des Lichts mildern. Und ich dachte an die Schönheit von Ruinen... an Mauern, hinter denen kein Leben ist; und so kam mir der Gedanke, das Gebäude sozusagen mit Ruinen zu umwickeln – man könnte auch sagen: den Bau in Ruinen einzuschließen, so daß man durch eine Mauer mit zufälligen Öffnungen schaut. Aber hier würde man den

Ein im Büro
von Louis I. Kahn
in Philadelphia
im Februar 1961
aufgenommenes
Gespräch.
Die Baubeschreibungen
sind in Teilen gekürzt.

Drei Projekte

Öffnungen gern eine bestimmte Form geben, und ich spürte, daß dies eine Antwort auf das Problem der gleißenden Helligkeit sein könnte. Ich wollte diese Antwort in meine Architektur einbeziehen und sie nicht als besondere Vorrichtung am Fenster anbringen, um dem Wunsch nach Licht entgegenzukommen und zugleich einen aktiven Widerstand gegen die Blendung zu leisten. Und noch etwas anderes, das mich beeindruckte: bei einigen Dächern entdeckte ich, daß man sich der Hitze angenommen hatte, die durch die Dächer entstand. Es gab einen großen Abstand zwischen der Decke und dem Dach... mit kleinen Öffnungen, die man von außen erkennen konnte und durch die der Luftzug eindringen und die Decken- und Dachflächen durchlüften konnte. Und ich hätte es wunderbar gefunden, wenn man die Sonnenprobleme von den Regenproblemen trennen könnte. So kam es mir in den Sinn, man könnte ein Sonnendach einzig und allein gegen die Sonne haben und ein Regendach nur gegen den Regen. Ich installierte die Dächer in einem Abstand von knapp zwei Metern übereinander, so daß man das Regendach instandhalten konnte – das Sonnendach konnte man sich selbst überlassen, da es ein (locker gefügtes) regendurchlässiges Dach war. Das Sonnendach stellte keine Probleme – bis auf kleinere Reparaturen. Es müßte so leicht wie möglich konstruiert werden... denn es sollte ja etwas Dünnes, Zartes sein... so etwas wie eine Auffangvorrichtung... und könnte auch als Isolierung fungieren, so daß ich beim Regendach gänzlich auf jede Isolierung verzichten könnte; und so braucht man keinen Zwischenraum außer dem, der sich aus der Trennung der beiden Dächer, dem Sonnen- und dem Regendach, ergibt. Ich stellte – unabhängig vom Entwurf, von ästhetischen Vorstellungen, die ich anfangs gehabt haben mag – noch weitere Überlegungen an zu der Art, wie ich bauen wollte. Ich fand, das Gebäude sollte einen ruhenden Charakter haben und seine Konturen nicht herausstellen. Ich wollte – wie es immer mein Wunsch ist – dem Mann auf der Straße eine bestimmte Lebensart vermitteln... so daß er, wenn er an dem Gebäude vorbeigeht, etwa so empfindet... „Ja, dieses Gebäude repräsentiert – oder es präsentiert mir – die Geschichte meiner Beziehung zu ihm. Ich erwarte einen würdigen Bau für eine würdige Betätigung des Menschen." Aber diese Empfindungen entsprachen dem Sinn für das Angemessene, der vielleicht von Bildung oder anderen Dingen herrührt, aber nicht wirklich fundamental ist. Es sind ästhetische Überlegungen, und Ästhetik ist das Gesetz der Kunst. Man lernt es, indem man viel sieht und viel erfährt und viel spürt, aber die übrigen Dinge kommen aus der Eigentümlichkeit der Luft, des Lichts... sehr einfache, immer gegenwärtige Elemente, die in der Architektur stets zu einem sprechen sollten. Man darf nicht vergessen, daß der besondere Charakter des Lichts mit dem zu tun hat, was die Architektur einer Region von der einer anderen unterscheidet. Selbst wenn man den Forderungen eines Unternehmens (für dessen Identität in dem einen oder anderen Land) nachgeben würde, könnte man den Prototyp doch nicht nach Geschäftsprinzipien, sondern nur nach Bauprinzipien entwerfen. Man müßte dem Auftraggeber keinen fertigen Bau liefern, sondern eine Vision, ein Bild. Aber dieses Bild müßte sich von einer Region zur anderen wandeln, weil die Erfordernisse jeweils andere sind. Die Lauterkeit eines Baus könnte *ein* Kennzeichen der Identität eines Unternehmens sein, die hervorragende Ausführung wäre ein weiteres, und natürlich auch das Firmenzeichen könnte eins sein; aber wenn man einen Bau als Prototyp, ja eigentlich als Duplikat ohne Rücksicht auf das besondere Terrain irgendwo hinsetzen wollte, das ist doch lächerlich. Mir wurde auch klar, daß eine natürliche Durchlüftung solcher Gebäude schon wegen des Standes technischer Fertigkeiten (in diesen Regionen) wichtig sein würde. Es würde lange Zeit brauchen, um die Reparatur von Klimaanlagen oder anderen Installationen in diesem Lande möglich zu machen. Man kann nicht einfach technische Einrichtungen ohne Rücksicht auf ihr weiteres Funktionieren einführen. Aber sogar wenn es eine gute technische Wartung für Klimaanlagen und ähnliches gäbe – der Schutz vor der Sonne und dem grellen Licht und die Verwendung von Wind für die Durchlüftung bleiben wichtig genug, um nicht allzuviel Gewicht auf die Klimaanlage zu legen. Ein Gebäude ohne Klimaanlage würde nicht viel anders aussehen als eines mit – nur die Fenster wären anders. In Luanda braucht man nur Wandschlitze, eine Verglasung ist überflüssig. Man läßt den Windzug einfach herein und reguliert ihn durch die Jalousien. Bei einem Gebäude mit Klimaanlage aber ist eine Verglasung erforderlich... Ich hatte das Gefühl, nicht falsch zu verfahren, wenn ich dem Gebäude – bis auf die Verglasung – das Aussehen eines Gebäudes ohne Klimaanlage gab.

Herausgeber: Hat es nun eine Klimaanlage oder nicht?

L. Kahn: Dies ist ein Gebäude mit Klimaanlage. Nur, Sie müssen sich vorstellen, daß die Klimaanlage manchmal nicht funktioniert. Es gibt jedenfalls Kühlschlitze und entsprechende Fenster darin, so daß man immerhin etwas frische Luftzufuhr hat, wenn die Sache einmal schiefgeht.
Die Wände, die das grelle Licht abfangen, sind nicht-tragend. Die Öffnungen, das spüren Sie, sollen Ihnen einen angenehmen Platz schaffen, von dem aus Sie sehen können – was immer Sie wollen. Ich

Drei Projekte

finde, nebenbei gesagt, daß man sie kleiner machen könnte. Aber aus mangelnder Erfahrung habe ich noch immer keinen Sinn dafür entwickelt, ob sie besser größer oder kleiner sein sollten. Man muß das erproben... Ich meine, die Öffnungen sollten kleiner sein, denn einen Seitenblick hat man immer. Ich finde es eine gute Art, sich mit Architektur zu befassen... eine wahrhaftige Art... wenn man sich der Naturkräfte ständig bewußt ist und versucht, die Lebensweise der Architektur und die Lebensform in der Architektur stets neu zu formulieren. So hat ein Gebäude wirklich ein Ziel und gibt sehr genau Antwort auf das Leben. Aber dieses Ziel muß unentwegt erneuert und wiedergeschaffen werden, und was die Baukunst oder die Malerei oder die Skulptur hervorbringen, zeigt sich im Licht neuer Techniken. Die neuen Techniken werden uns helfen, sie liefern uns neue meßbare Mittel, um das auszuführen, was wir uns als Ziel gesetzt haben, und so sehen wir die Technik: als meßbares Mittel, um unsere Wünsche und Ziele genauer und immer genauer zum Ausdruck zu bringen.

Aus den Hauptverkehrsstraßen heraus entwickelte ich einen Eingangshof, der in Wahrheit ein Parkplatz für die Konsulatskanzlei und das Wohnhaus (des Konsuls) ist. ...Ich markierte die Parkplätze durch Bäume und gewann so zugleich Schatten für den Parkplatz... und für die Straße dazu. Dieser Teil der Straße sollte mit Kalkstein gepflastert werden – einem Material, das in Angola häufig vorkommt. Den Regierungsbeamten gefiel der Plan gut, weil die Anlage des Parkplatzes für sie so etwas wie Intimität hatte... zum Beispiel durch die andersartige Pflasterung dort... was durchaus nichts Besonderes ist, nur ihnen erschien das als etwas Besonderes, als eine Art Tor... ein Hofeingang zu den beiden Gebäuden. Die Kanzlei ist umgeben von Wasserspielen, bei der sich das obere Becken in das niedrigere und dieses in ein noch tiefer gelegenes ergießt... und so sammelt sich das Wasser beständig in diesem (untersten) Becken... was für die Wassernutzung in dieser Region sehr wichtig ist. Auf der Seite der Kanzlei ist das Wasserbecken und die verschiedenen Terrassen alles an Gartenbaukunst... dennoch sehr eindrucksvoll... Auf der anderen Seite wird es grün, der Plan weist das nicht aus, es wird ein baumbestandener Bereich sein... während es rund um die Kanzlei keine Bäume geben wird, nur der Hof liefert Schatten und führt zum Parkplatz und Eingang hin.

Beim Wohnhaus des Konsuls ist es ähnlich – was das grelle Licht und den Schutz vor der Sonne angeht. Vier Innenhöfe belichten das Innere des Wohnhauses und erlauben eine Plazierung der Säulen, die das Dach tragen. Das weist natürlich auf ein tieferes Geschoß hin... und wie Sie sehen, gibt es eine fortlaufende Promenade unterhalb des

Gebäudes. Mir scheint, daß ich, indem ich das Sonnendach vom Regendach trenne, dem Mann auf der Straße sein alltägliches Leben vorführe. Ich habe ihm so die atmosphärischen Bedingungen – den Wind, die Lichtverhältnisse, die Sonne und das gleißende Licht – erklärt. Hätte ich irgendeine pfiffig gestaltete Sonnenschutz-Vorrichtung verwendet, er hätte das nur für ein hübsches Stück Gestaltung gehalten. Ich wollte nichts Hübsches. Ich wollte eine Lebensweise ausdrücken. Und auf jene beiden Elemente (das Sonnen- und das Regendach) bin ich sehr stolz, weil sie eine kraftvolle architektonische Aussage sind, aus der sich noch unendlich viel andere, bessere ableiten lassen. Diese sind in der Tat eher schlicht... sie sind aus dem Gefühl heraus entstanden, daß sie zunächst lieber ganz primitiv sein sollten statt von hohem ästhetischem Wert. Und ich glaube auch, daß in der Anordnung der Räume, beim Eingang, beim Empfang, der Grundriß wiederum einen Sinn für das Angemessene... ein Raumgefühl zeigt, das man bei dieser Art von Gebäuden haben sollte. Man soll das Gefühl haben, hereinzukommen und empfangen zu werden, nicht durch Hinweise, sondern durch den Charakter des Baus selbst, und den drückt jeder Architekt, der ein Raumbewußtsein hat, auf seine Weise aus. Ich denke, dieser Entwurf zeigt es. Beachten Sie bitte auch, daß die Stützen für die Hauptträger des Sonnendachs mit dem Regendach nichts zu tun haben. Nirgends führen Stützen durch das Regendach. Das Sonnendach wächst ganz unabhängig aus der Architektur heraus. Das erklärt die vier Reihen von Stützen. Die Träger führen darüber hinweg, und die Balken aus Spannbeton tragen den Sonnenbaum mit blätterförmigen Lehmziegeln als ein Sonnendach, das den gesamten Bau überspannt. Man ist sich dessen durchaus bewußt, denn wenn man den Bau betritt... hier zum Beispiel... bis dort ist alles offen... das Regendach überdeckt nur diesen kleinen Teil hier..., wenn Sie also das Gebäude hier betreten, nehmen Sie die ganze laubartige Struktur über sich wahr, und sie ist offen genug, um das Licht hindurchzulassen.

Herausgeber: Warum ist die Öffnung zwischen den Stützen im Untergeschoß größer als die im oberen?

L. Kahn: Es gibt einen Sturz, der die kleinere Öffnung oben zuläßt... er verteilt die Last. Ich wollte es unten offen haben, weil ich alles durchlässig haben möchte, und diese Tragkonstruktion ist durchlässig, damit unterhalb des Gebäudes eine durchgehende Promenade entsteht. Ich habe den Bau etwas vom Boden abgehoben... das ist hier allgemein üblich bei wichtigeren Bauten. Es gibt einem außerdem das Gefühl größerer Sicherheit... und in gewissem Sinne ist die Funktion

Drei Projekte

einer Konsularkanzlei ja die eines Forts... es ist eine Schutzzone... und das Extrageschoß unten macht das Schützende noch einmal mehr deutlich.

Herausgeber: Die physiologische Reaktion, wenn man im Dunkeln sitzt und ins Helle schaut, ist ein ähnlicher Vorgang wie die Anpassung der Blende in einem Fotoapparat. ... ich habe mich gefragt, warum eigentlich dieser Abstand – das verdoppelte Fenster – die Anpassung des Auges erleichtert. Sie wissen – oder hoffen es jedenfalls –, daß, wenn man schließlich durch eine leere Schattenzone gestarrt hat und der Blick in den hellen Bereich fällt, dieser so gemildert sein wird, daß die Iris sich augenblicklich und ohne schmerzhafte physiologische Reaktion anpassen kann.

L. Kahn: Wissen Sie, was ich denke? Lassen Sie es mich so sagen. Wenn Sie auf die Mauer vor Ihnen blicken, so erzeugt das von einem Fenster aus der Dunkelheit geschnittene Licht dieses Gleißen, diese Blendung. Das ist die Eigenschaft von grellem Licht.

Herausgeber: Es (das Lichtschild) liefert also einen Grauton zwischen dem Schwarz und dem Weiß.

L. Kahn: Gitter oder ähnliches, die man sonst vor derartigen Fenstern hat, erzeugen winzig kleine, sehr grelle Lichtpunkte. Sie brauchen das gar nicht (selbst) zu sehen, es läßt sich zeichnen.
Wenn der Gitterraster enger und enger wird, ist es wieder in Ordnung... Sie spüren es nicht mehr so sehr. Und damit verändert sich das grelle Licht erheblich.

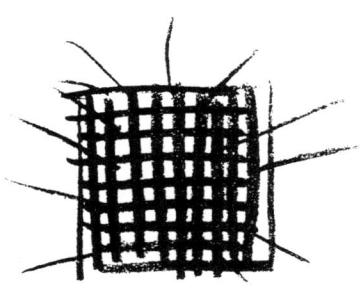

Herausgeber: Wäre es schwierig, so ein Modell herzustellen?

L. Kahn: Wir haben ein solches Modell gebaut... Sie sehen den Unterschied. Sie stellen eine Glühbirne von etwa 500 Watt vor sich auf, und eine Menge grelles Licht blendet Sie direkt. Und sobald sie dieses Ding (das Modell des Lichtschildes) vor die Birne rücken, verändert sich alles. Sie können den Unterschied sofort sehen.

Herausgeber: Diese Form erinnert mich fast an ein Auge...

L. Kahn: Ja, in gewisser Weise. Es ist etwas, das etwas Eleganz in ein kastenförmiges Gebäude bringt. Da die Forderungen nicht sehr groß waren, ich will damit sagen – das Gebäude ist so klein –, lag es auch nahe, die Sache etwas aufzublasen. Sie haben da diese Chance, diese Möglichkeit. Sie können sehr, sehr leicht über die Stränge schlagen – in Sekundenschnelle irgend etwas Überflüssiges machen. Vielleicht ist das sogar gut – mir scheint es fast so –, irgend jemand hat gesagt, es sieht afrikanisch aus, was ich furchtbar fand.
Ich habe diese Idee in letzter Zeit sehr häufig verwendet. Diese Fenster hier sind einfach hinreißend. Ich halte es nicht für gut, auf Vollkommenheit beim Design aus zu sein, aber... schließlich... liegt für jeden das Problem anders, und dies hier ist eben meine Art, so etwas zu lösen. Das ist auch einer der Gründe, warum ich meine, Entwurfszeichnungen müssen nicht unbedingt vollkommen sein. Ich glaube, es kommt viel mehr darauf an, etwas unvollkommen auszudrücken, damit man nicht sagen kann: mir gefällt das Design oder es gefällt mir nicht. Auf diese Weise wird die Sache eher Teil des architektonischen Bewußtseins – frei von den weniger wichtigen Vorlieben oder Abneigungen... sie läßt sich anders beurteilen... und dann können viele es besser machen. Ich glaube, Design ist etwas sehr Persönliches. Aber das andere ist nicht persönlich... es ist einfach ein Gefühl für das Architektonische, das man gern in den Rahmen der eigenen Arbeit einbringen möchte.

2. Goldberg House: Rydal, Pennsylvania

Herausgeber: Die offensichtliche Frage ist doch: Warum ließ sich diese Mauer nicht fortsetzen, um feste Ecken zu bilden, einen Rahmen, der sich von hier nach dort zieht?

L. Kahn: Natürlich muß man das Bedürfnis, daß ein Bau irgendwo sein Ende hat, respektieren... aber die Begrenzungen eines Gebäudes sind etwas anderes als die allgemeinen Vorschriften.

Drei Projekte

Meistens beginnt man damit, aber manchmal will das Innere nach außen und die Wände durchbrechen. Und man hält es wegen der bereits vorgefaßten Form zurück. Und dann entdeckt man... daß die Diagonale ein Element ist, das einen Rahmen vorgibt...

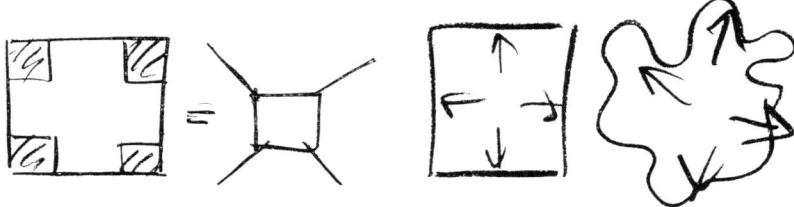

so etwas wie eine durch die Umstände bedingte Begrenzung... wie es hier der Fall ist, denn wenn ich mehr Geld gehabt hätte, hätte ich mir vermutlich etwas mehr einfallen lassen. Dies paßt sich völlig den Umständen an. Ich empfand das als eine Entdeckung, was die Wünsche der Innenräume angeht... ein Einfamilienhaus ist ein Bau, der ungemein empfindsam ist für die Bedürfnisse seines Innern. Mit der Befriedigung (dieser Bedürfnisse) gab ich einem Existenz*willen* nach, aber der *Existenz*wille des Hauses war es: nicht durch eine geometrische Form gezähmt zu werden.

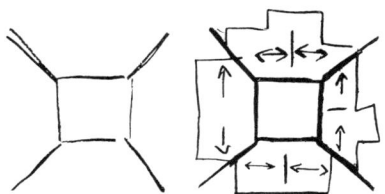

Herausgeber: Es ist schließlich auf eine weit größere Peripherie hinausgelaufen als zum Beispiel bei einem Quadrat... Sie hätten mit den Teilen des Gebäudes jonglieren können und es so zu einem vollen Quadrat bringen... es wäre möglich gewesen. Aber das Entscheidende für mich ist, daß Sie in dieser besonderen Anordnung einen durchgehenden Umgang haben, auf den sich alle Zimmer – bis auf den Wohnraum – beziehen... eine Art Pufferzone... und die wichtigen

Räume sind dann, ihrem Anspruch entsprechend, unabhängig voneinander gestaltet. Hätten Sie die Ecken ausgefüllt oder das Ganze zu einer regelmäßigen Form entwickelt, würde, so scheint mir, diese Beziehung nicht annähernd so klargeworden sein wie jetzt, da Sie diese Begrenzungen vereinzelt haben.

L. Kahn: In einem regelrechten Quadrat gibt es immer das Problem mit den Ecken, die man schwer erreicht. Man muß die „funktionalen" Bereiche durchdringen, um schließlich zu den Räumen zu kommen, die sind, was sie sein wollen. Auf diese Weise werden die einen dienende Räume und die anderen solche, die bedient werden. Die dienenden Räume sind zugleich Isolierung... sie isolieren ein Zimmer gegen das andere.

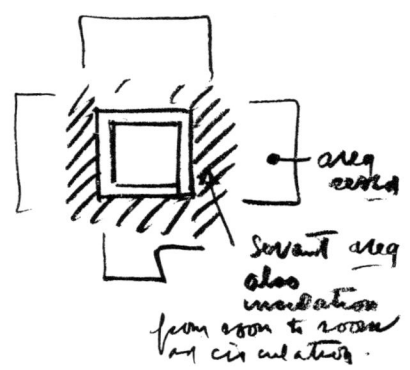

Herausgeber: Auch die einzelnen Zimmer gegen den Umgang.

L. Kahn: Ja, ein Zimmer gegen das andere Zimmer und gegen den Umgang.

Herausgeber: Haben nicht die dienenden Räume (bei Ihnen) immer Deckenlicht, während die übrigen Räume von außen Licht bekommen?

L. Kahn: Ja, ich werde es Ihnen aufzeichnen.

Drei Projekte

Herausgeber: Der Künstler, der seine eigene Zeichnung aus „Architect's Yearbook" für „Perspecta" kopiert?

L. Kahn: Soll ich es besser machen? Wollen Sie noch einen Baum?

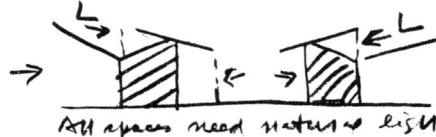

Herausgeber: Und was ist jetzt mit dem Licht?

L. Kahn: Alle Räume brauchen natürliches Licht. Ich kann das für Sie hineinschreiben.

Herausgeber: Bezieht sich das auf ein Haus – oder einen Zeitraum?

L. Kahn: Ich würde sagen: Alle Räume, die es wert sind, als Raum bezeichnet zu werden, brauchen natürliches Licht. Kunstlicht ist nur ein winzig kleiner Augenblick von Licht... natürliches Licht, das ist der Vollmond, und das ist der ganze Unterschied.

Herausgeber: Läuft es dann nicht für Sie auf eine Tautologie hinaus, wenn Sie einen Raum als etwas definieren, das natürliches Licht hat?

L. Kahn: Ja, ich kann einen Raum nicht wirklich als Raum definieren, wenn er kein natürliches Licht hat. Und das ist so, weil die Stimmungen, die das Tageslicht und die Jahreszeiten schaffen, dazu beitragen, das hervorzubringen, was ein Raum sein kann, wenn er natürliches Licht hat, und nicht sein kann, wenn es fehlt. Und bei Kunstlicht – sei es in einer Galerie oder sogar in einem Auditorium – büßen wir eine Menge ein.
Ich würde gern irgendwann einmal ein Theater mit natürlichem Licht bauen..., das ausgesperrt wird, wenn die Show beginnt. Aber warum müssen die Proben an einem grauen Ort stattfinden? Ist die Probe ein

Stück? Nein, das Stück ist das Stück, und das sehen die Leute, und nicht die Probe. Während der Probe sollte das Theater so angenehm wie möglich sein, mit einer ganz anderen Atmosphäre. Ich bin keineswegs sicher, daß ein Theater immer künstlich beleuchtet werden muß – es sei denn, man probt irgendwo anders. Wenn keine Zuschauer da sind, entsteht daraus vermutlich etwas durchaus Künstliches, wenn man den gleichen Raum in natürliches Licht taucht.

Ich meine, in Räumen, die man wirklich Räume nennen kann, sollte natürliches Licht herrschen. Und außerdem denke ich, daß ein Raum immer mit dem Bewußtsein für die Möglichkeiten des Lichts konzipiert wird. Eine Säule in einem Raum, zum Beispiel, besagt, daß sie da ist, weil es Licht geben soll. Eine Wand besagt nichts darüber, ob es Licht gibt.. aber eine Säule, eine Wölbung, ein Bogen schon. Die Mittel, aus denen ein Raum gemacht ist, implizieren bereits, daß Licht einfällt... und die Wahl der Konstruktionselemente sollte zugleich den Charakter des Lichts bestimmen, das man haben möchte... und das denke ich, ist eine wahrhaft architektonische Forderung.

3. Unitarische Kirche: Rochester, New York

L. Kahn: Sehen wir uns diese vier Pläne an. Die Idee, die ich für die Kongregation auf die Wandtafel skizziert habe, war meine erste Reaktion. Nachdem der Prediger mir eine Vorstellung von den Zielen der Unitarier gegeben hatte, wurde mir klar, daß die Kirche, die ein Mittelpunkt von Fragen ist, und die Schule, die diese Fragen stellt, die das Fragen überhaupt lehrt, nicht voneinander zu trennen sind. Und so habe ich also, als ich vor der Gemeinde sprechen sollte, folgende Skizze an die Tafel gezeichnet:

Drei Projekte

Ein Quadrat – die Kirche – und rund um das Quadrat einen Kreis – den Wandelgang. Den Umgang hielt ich für nötig, weil die Unitarische Kirche aus Mitgliedern besteht, die aus verschiedenen religiösen Überzeugungen kommen – sie waren vorher Katholiken oder Juden oder Protestanten. Ich weiß nicht viel über religiöses Verhalten, außer daß ich religiös empfinde. So soll der Wandelgang die Tatsache respektieren, daß man an dem, was in der Kirche vorgeht, nicht unbedingt teilhaben muß. Und dann legte ich um den Wandelgang eine Art Korridor, in dem sich die Schule befand. Die Schule umschloß quasi das Ganze, sie umgab den Bereich der Fragen.
Der erste Entwurf war fast eine wörtliche Übersetzung der ersten Strukturzeichnung, wie ich das nennen würde.
Eine Strukturzeichnung, welche die untrennbaren Teile eines unitarischen Zentrums darstellt. Ich kannte die spezifischen Erfordernisse nur in groben Zügen. Ich hatte den Eindruck, man sollte zunächst nur das Grundlegende ausdrücken, um die in der ersten Skizze gewonnene Form nicht zu stark zu verändern. In gewisser Weise wurde sie verändert. Die äußere Form wurde zu einem Quadrat, die inneren Gänge waren rund, die Kirche war wiederum ein Quadrat. Die vier Ecken wurden zu größeren Räumen – und wurden sofort wieder in Frage gestellt, weil man für vier große Räume vier verschiedene Funktionen braucht. Ich versuchte einzuwenden, daß sie auch Klassenzimmer sein könnten – es gibt ja große und kleinere. Aber diese Kongregation war nicht reich, und so stellte man alles, was ich vorschlug, in Frage. Während der Verhandlungen mit den verschiedenen Komitees – vom Kindergarten-Komitee bis zu dem für religiöse Aktivitäten – versuchte ich, anhand meiner Zeichnungen, deren eigene Programmvorstellungen zu entwickeln. Plötzlich bestanden sie darauf, daß der Raum für den Gottesdienst von der Schule getrennt sein müßte – ein schwerer Schlag für mich. Die Form, die ich mir vorstellte, sollte wirklich nicht einem festgelegten, sondern einem jeweils neuen Ritual entsprechen. Sie konnte sich in Gestalt und Maßstab nicht von einem einzigen Ritual abhängig machen. Ich dachte daher: der Zusammenhang aller Teile ist dafür ein besserer Ausdruck, als zu sagen: eine Schule ist etwas anderes als ein Raum für einen Gottesdienst. Und daher glaubte ich, daß die allererste Skizze doch eine Vorstellung von dem vermittelte, was eine Unitarische Kirche sein kann. […] Durch Trennung erweist man den verschiedenen menschlichen Aktivitäten (in einem Kirchenzentrum) vielleicht nur scheinbar einen Dienst. Dasselbe gilt, wenn man andere Kirchen nachahmt, die ein ganz anderes rituelles Verständnis haben. Und doch mußte ich an einem bestimmten Punkt (der Entwicklung) den Kirchenraum als etwas ganz Selbständiges

zeichnen – aber das habe ich nur als Diagramm getan, nicht in einem wirklichen Entwurf. Ich weigerte mich überhaupt, einen Entwurf zu machen. Ich wollte es unter keinen Umständen. Aber einmal habe ich auf einem Stück Papier ganz grob aufgezeichnet, wie eine Kirche aussehen würde, die mit einem Schulhof, einem Schulbereich verbunden wäre.

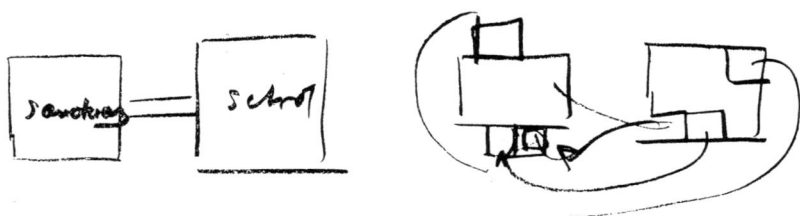

Ich stellte Fragen zur Kirche: Was tun Sie, wenn der Gottesdienst vorbei ist? Sie teilten mir mit, es gäbe dann eine Kaffeestunde; sie diskutierten dann über das, was (im Gottesdienst) gesprochen worden war. Sie fanden, es wäre sehr gut, eine Küche in der Nähe des Kirchenraums zu haben. Also nahm ich ein Stück aus dem Schulblock heraus und setzte es direkt neben die Kirche. Und dann meinten sie, man bräuchte noch einen weiteren Raum neben der Küche, um sie zu versorgen. Also nahm ich ein weiteres Stück aus der Schule heraus und setzte es dazu. Und so ging es weiter mit anderen notwendigen Räumen, die ich rund um die Kirche setzte. Und sehr bald merkten sie, daß wir dorthin zurückgekehrt waren, wo ich angefangen hatte. Alle folgenden Entwürfe berücksichtigten die Forderungen der verschiedenen Komitees, und natürlich verhinderten die beschränkten Finanzmittel, die keine Sonderräume zuließen, die Entwicklung eines klaren geometrischen Aufbaus. Anfangs erschien mir das als großer Verlust... die Räume mußten möglichst alle die gleiche Größe haben, so daß wir ein durchgängiges Konstruktionssystem entwickeln konnten.

Herausgeber: In diesem Stadium (Phase drei) bestand der Entwurf noch aus einer Folge von Zellen... die alle verschiedene Größen hatten...

L. Kahn: Einige, ja... Es ist nur ein weiterer Entwicklungszustand, ein Entwurf aus der eher formalistischen Phase, die ihm vorausging... Und dies ist der nächste Entwurf (Phase vier)... und da wurden die kleineren

Drei Projekte

Räume größer... es gab eben dauernd Veränderungen, das ist alles, was ich Ihnen dazu sagen kann. Aber hier, hatte ich den Eindruck, tritt eine große Veränderung ein: zuvor waren die Fenster flach in der Wand, jetzt treten sie aus der Wand heraus. Wieder empfanden wir die Stärke des Lichts und machten uns die grelle Helligkeit bewußt. Ob es sich dabei um Rochester oder Luanda handelt – es geht immer um das gleiche...
Da ist zum Beispiel ein vorspringendes Fenster, mit Ziergiebel... das eignete sich sehr gut, weil das Licht, das seitlich eindrang, dazu beitrug, das grelle Licht zu modulieren... Es schien mir gut, einen vorspringenden Rahmen für ein Fenster zu haben und an den Seiten eine Art Läden anzubringen, die das Licht mildern... so daß man, wenn man irgendwo im Raum steht, die Wahl hat, direkt ins Licht zu blicken oder nicht, was wieder von der Tiefe der Fensterleibung abhängt. Ich wollte Leibungen. Die Leibung erlaubt mir Fenstersitze, man sollte sie immer haben, weil man nicht weiß, wie der Raum genutzt werden wird. Sie wirken freundlich und erlauben es doch, sich abzusondern und in einem eigenen Raum zu sein... mitten in einem Raum, in dem viele sich aufhalten. Ich merkte, daß der Fenstersitz große Bedeutung hatte. Einige Mitglieder der Kongregation hatten sich ihn gewünscht. Er verband sich für mich immer enger mit dem Fenster. Und das sah dann so aus.

Mit diesem Entwurf (Phase vier) fängt es erst richtig an. Und wirklich gut zum Ausdruck kommt es in dem nächsten Schritt (Phase fünf), wo das Fenster nicht mehr so dominiert wie im vorigen, dafür aber genauer überlegt ist. Die Fenster waren endlich da, wo sie hingehörten... und dies hier ist der beinahe endgültige Entwurf, und das ist der Aufriß. Hier im ersten Geschoß zum Beispiel gibt es einen Fenstersitz, aber er ist anders als der im zweiten Geschoß, weil hier die Wand zurückspringt und der Fenstersitz sich an die Wand anlehnt, statt einen Alkoven zu bilden. Im ersten Fall kommt das Licht von der Seite, im zweiten von oben.

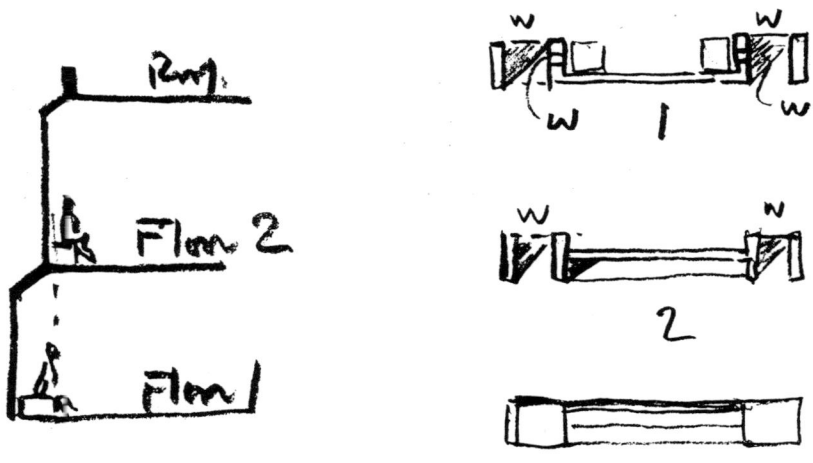

Es war ein Spiel mit den verschiedenen Möglichkeiten, durch die Stellung der Wand verschiedene Situationen rund um das Fenster zu schaffen, das mich diese Veränderungen vornehmen ließ... In Phase vier waren die Fenster in beiden Geschossen gleich. Meine Überlegung war dann, die Fassade bis zu der Linie des Fenstersitzes zurückzunehmen... Aber dann wieder brauchte ich die Wände für die Konstruktion, denn wenn es tragende Wände waren, ersparte ich mir den Unterzug. So kamen diese Überlegungen also zustande... Ein wichtiger Entwicklungsschritt in Phase fünf war die Kapelle... eine kleine Kapelle... für die Schüler, die Studenten... oberhalb der Bibliothek und der Cafeteria. Licht in die Räume darunter zu bekommen, war ein Problem... denn obgleich es leicht war, Licht in den oberen Raum einzuführen, war es schwierig für die unteren.

Drei Projekte

So erfand ich vier Lichtkaskaden in den vier Ecken. Das Licht trat oben ein und drang nach unten. Der Raum war ein Rechteck, und Licht an zwei Seiten genügte nicht, um ihn auszuleuchten... es schien mir also, daß, wenn ich das Licht von oben wie durch einen Brunnen in die Ecken des Raums lenkte, es die Gestalt des betreffenden Raums zum Ausdruck bringen würde.

Herausgeber: Wenn Sie Licht auf diese Weise nutzen, so geht es Ihnen darum, die Grenzen des Raums zu bestimmen.

L. Kahn: Ja... Ich habe mir besonders über das Licht in diesem Raum Gedanken gemacht – die anderen Räume waren kleiner, und sie empfangen ihr Licht sozusagen (nur) von einer Seite – was vermutlich für die Größe dieser Räume genügt.

Herausgeber: Mir ist immer noch nicht klar, wie die Wand zurückspringt...

L. Kahn: Die Dachlinie verläuft hinter dem Fenster. Sehen Sie... der Gedanke ist, daß wirklich eine Silhouette entsteht.

Herausgeber: Aber im Endergebnis wirkt die zurückgestufte Wand wie ein Strebepfeiler.

L. Kahn: Ja, mag sein – natürlich, es könnte so sein... Dies ist, sozusagen, eine Art, mit den Wänden zu spielen, um sehr verschiedene Eindrücke im Inneren zu erzielen. Es mag wie ein Strebepfeiler aussehen, ja. Wenn Sie wollen, liegt darin eine Kritik.

Herausgeber: Ich wollte damit weder das eine noch das andere zu verstehen geben...

L. Kahn: Doch... es wirkt so. Und doch ist es eine Möglichkeit, klarzustellen, was man oben und unten will.

L. Kahn: (auf Phase fünf bezogen) Das Licht kommt aus den vier Ecken – hier sind vier Säulen, und das hier ist eine Betonwand. Und von dieser Wand kragt das Dach aus. Und diese Wand hält auch die Platten, die sich überschneiden – die Balken habe ich herausgenommen... aber das Licht ist da. Ich glaube, wir haben Schnitte... und es gibt auch eine Isometrie...

Das ist eine ungeheuer schwierige Zeichnung... Sie müssen sich das Innere nach außen gekehrt vorstellen. Interessanterweise ist das akustisch gut (bezogen auf das Dach über dem zentralen Bereich), wie die Platte nach oben geknickt ist... es ist gut für den Nachhall... der bei Musik entsteht. Eine der Verbesserungen, die die Akustiker gemacht haben, ist, daß sie sie ein wenig länger haben wollten... das hier ein wenig tiefer nach unten, so daß der Raum einheitlicher wird und nicht in zwei geteilt wird... Es gab übrigens noch sehr viele andere Entwicklungen, zu einem gewissen Zeitpunkt hatte ich vier Schirme mit einer Säule hier und dort und dort und einem Schirm hier, einem Schirm dort. Das war eigentlich sehr hübsch... aber ich habe die Idee aufgegeben, weil ich die Vorstellung von seitlichen Säulen verabscheute, und ich mußte auch zugeben, daß sie störend waren. Dennoch war das Schirm-Schema, mit der Säule drinnen, wo alles von dem Schirm ausging, ein wahrer Ausdruck dieser Konstruktion. Ich dachte, die Träger seien notwendig – und das bis zuletzt... bis ich kürzlich herausfand, daß sie entbehrlich sind. Der Sinn für die Konstruktion,

Drei Projekte

das ist etwas, wozu ich noch eine Menge lernen muß... Es gibt da noch andere Dinge, die einander ins Gehege kommen. Ich kenne sie durchaus, diese raffinierten Anfälle von Verzagtheit.
Ich habe die Belichtung des großen Raums aus dem kleineren entwickelt – es ist ja auch das gleiche Problem... aber ich konnte nicht die gleiche Konstruktion verwenden wie überall sonst... in der Hierarchie der Räume hatte sie zu viel Bedeutung gewonnen. Es ist sonderbar, aber dieser Entwurf erinnert sehr daran, wie der ältere Saarinen so etwas gemacht hat.... Es ist sehr gotisch, nicht wahr? Macht Ihnen das was aus? Ich selbst mag es.

„Louis I. Kahn." Nachdruck aus *Perspecta 7: The Yale Architectural Journal*, 1961, S. 9–18.

1962
Eine Aussage

Leben ist für mich Dasein mit einer Seele, und Tod ist Dasein ohne Seele aber beides ist Dasein. Ich stelle mir Seele als etwas Allgemeingültiges vor – nicht als einzelne Seele in jedem von uns, sondern vielmehr als etwas in Fülle Vorhandenes, aus dem sich jeder seinen Teil nimmt. Dies gilt für alles, was lebt – sei es als Blume, Mikrobe, Mensch oder Tier. Für alle Lebewesen. Und ich glaube, daß Seele etwas Unermeßliches ist und daß die physische Natur aus dem besteht, was meßbar ist. Ich bin überzeugt davon, daß die Seele das gesamte Universum beherrscht. Und sie verlangt nach einer Form des Ausdrucks, die sich in keinem anderen Bereich des Universums finden läßt. Ich bin ganz sicher, daß eben diese Seele an das Tor der Sonne hämmert und sagt: „Gib mir ein Instrument, mit dem ich Liebe, Haß, Würde ausdrücken kann." – lauter Qualitäten, die, meiner Ansicht nach, vollkommen unmeßbar sind.
Das Instrument wird von der Natur, der physischen Natur geliefert, einer harmonischen Verbindung von Systemen, deren Gesetze nicht jedes für sich wirken, sondern in einer Art Wechselwirkung stehen, die wir als Ordnung kennen. Der Mensch sucht sich ein Gesetz heraus und macht guten Gebrauch davon. Aber man muß nicht annehmen, daß ein Gesetz, das man so erwischt, sehr glücklich darüber ist – es sei denn, es bleibt im Zusammenhang mit den übrigen Gesetzen, aus dem es eigentlich lebt.
Wenn ich höre, wie ein Wissenschaftler kategorisch von dem spricht, was er entdeckt hat, denke ich immer, daß, wenn er älter wird, sich seine kategorische Aussage zu etwas wandeln wird, das nicht mehr ganz so selbstbewußt klingt. Er wird entdecken, daß ein Gesetz bis zu einem gewissen Grade unveränderlich ist, während die Regel sich verändern läßt; er überprüft es und sagt: „Eins ist geschafft, alles andere ist noch offen."
Ganz so einfach spielt es sich nicht in meinem Kopf ab. Nun sind wir ja aus dem Stoff, den die Natur bereitstellt, wenn die Seele nach einem Instrument verlangt, das in der Lage ist, das wunderbare, ja eigentlich nie endende Lied zu spielen. Wir müssen mit dem vorliebnehmen, was die Natur uns bietet, weil die Natur ohne jedes Bewußtsein ist. Natur nimmt den Sonnenuntergang nicht wahr, sie nimmt nicht wahr, daß der Sonnenuntergang schön ist. Tatsächlich würde die Sonne, wenn ein Maler versuchte, den Sonnenuntergang genau wiederzugeben, ihn auslachen und sagen: „Morgen mache ich einen besseren." Wenn aber ein Maler seine eigene Reaktion auf den Sonnenuntergang malt

Vortrag, gehalten auf der International Design Conference in Aspen, Colorado

und sein Erzeugnis zu ihm, als dem jungen Mann, sagt: „Ich werde mich heute abend großartig fühlen!", und zu ihm als dem alten Mann: „Ich werde nicht mehr lange leben", dann ist die Natur eifersüchtig, weil sie das nicht kann. Natur ist, wie gesagt, ohne Bewußtsein, aber die Seele besitzt eins, fordert Leben und gibt Leben. Natur liefert das Instrument, das Leben ermöglicht. Aber sie würde das Instrument nicht bereitstellen, wenn es nicht das Verlangen nach Leben gäbe.

Das Staunen in uns ist – könnte man sagen – ein Nachhall davon, wie wir entstanden sind. Es ist ein Brunnen, der bis oben hin angefüllt ist mit allem, was wir je lernen werden; weil die Natur, indem sie etwas hervorbringt, gleichzeitig jeden Schritt seines Entstehens festhält. Es ist wie bei einem Samenkorn. Aber man versteht das besser, wenn man sich klarmacht, daß im Staunen die Quelle liegt für alles, was wir je lernen oder fühlen werden. Das Wissen, das sich aus diesem Staunen ableitet, ist unbefriedigend, wenn es sich nicht mit anderem Wissen verbindet. Und diese Beziehung von Wissen zu Wissen könnte man als Sinn für Ordnung bezeichnen; als Sinn für die Bedeutung dieses Wissens in Beziehung zu den anderen Dingen rundum. Wenn wir einen Sinn für Ordnung haben – nicht nur Wissen oder Information –, dann sind wir glücklich. Wir zwinkern dem Staunen zu und fragen: „Na, Staunen, wie findest du mich?" Denn das Staunen wird vom Wissen weiter angeregt, oder richtiger noch, von diesem Sinn für Ordnung. Und so erhält das Staunen immer mehr Substanz, wird mehr und mehr von dem erfüllt, woraus wir gemacht sind.

Durch das Staunen erfahren wir auch die Bedeutung des Unfaßbaren; denn man kann Liebe nicht messen, man kann Haß nicht messen und auch die Würde nicht – das alles ist unmeßbar. Wir können aber die Natur des Menschen gut genug kennenlernen, um zu wissen, daß es Gemeinsames in allen Menschen gibt, denn ein Mensch ist ganz und gar ein Mensch. Ich kann nicht glauben, auch wenn eine Seele einem Menschen zugehörig ist, daß sie sich von anderen unterscheidet. Ich glaube, alle Seelen gleichen einander, weil sie vor allem anderen unmeßbar sind; und weil sie alle zusammen die Summe der ganzen Erde sind. Was verschieden ist, ist nur das Instrument. Die Natur, die ja etwas Unbewußtes ist, kann nicht zweimal das gleiche Instrument herstellen, wie es unsere Fabriken tun. Die Natur kann es nicht, weil für sie jeder Augenblick im Lauf der Zeit ein vollkommen anderer ist. Die Natur ist die Wechselwirkung der Gesetze. Sie stellt das Gleichgewicht wieder her. Wenn man geboren wird, ist man eine andere Person als ein anderer – man ist einzigartig – als Instrument, aber nicht als Seele.

Die Natur ist der Instrumentenbauer. Nichts ist ohne die Natur herzustellen. Man könnte sogar sagen, die Natur ist die Werkstatt Gottes. Mit einem Sinn für Ordnung und mit dem höchsten aller Gefühle, der Religiosität (im allgemeinsten Sinne), verbunden mit der Philosophie, der höchsten Anstrengung des Denkens – betritt man den Bereich des schöpferischen Tuns, man erschafft etwas. Dieses Handeln ist irgendwie sehr bestimmt, aber dennoch läßt es sich nicht wirklich beschreiben. Der Beginn ist ein großer Augenblick für den Wissenschaftler, genauso wie für den Künstler.
Der Künstler fühlt, indem er sich ausdrückt. Der Wissenschaftler drückt sich aus, aber er läßt das Gefühl beiseite. Er versucht durch Erkenntnis und Experiment die wahre Definition und die wahre Bedeutung eines Gesetzes in der großen Ordnung der Dinge zu finden. Und er arbeitet daran, scheinbar ohne Gefühl, aber mit Hilfe von Erfahrung und durch Handlung. Die ist aber voller Gefühle. Während dieses Vorgangs muß er vollkommen objektiv sein. Und wenn er sich objektiv äußert, spricht er die Wahrheit als Wissenschaftler – nicht unbedingt als schöpferischer Mensch, sondern als Wissenschaftler eben. Wissenschaftler, die an Gesetzmäßigkeiten interessiert sind, die eine Beziehung zwischen den Gesetzen herstellen, müssen erkennen, daß die Natur des Menschen auf andere Weise funktioniert als die Wissenschaft. Wenn jemand als Biologe arbeitet, starrt er gebannt auf die Gesetze, die physikalischen Gesetze der Natur; denn ihn beschäftigt das eigentlich Undefinierbare, das Entstehen des Lebens überhaupt. Doch er muß seine Erregung überwinden, um bessere Mittel, bessere Werkzeuge zu entdecken, um damit das Gemeinsame im Menschen biologisch, psychologisch und auf jede andere Weise zu bewerten und noch mehr zu bemessen.
So denke ich, daß der Wissenschaftler mit Messungen und mit der Natur der Natur befaßt ist.
Der Künstler dagegen hat es mit Ausdrucksmöglichkeiten zu tun. Aber am Anfang steht bei ihm das gleiche Erkenntnisstreben wie beim Wissenschaftler. Und hier sollte man vielleicht über den Unterschied zwischen einem schöpferischen Menschen und einem Künstler sprechen. Der schöpferische Mensch bringt ein neues Weltbild hervor. Er erkennt einen neuen Blickpunkt. Von diesem Blickpunkt aus sieht er anderes. Und durch diesen Blickpunkt – den andere nicht besitzen – findet er andere Bilder. Der Künstler fühlt den neuen Blickpunkt und fühlt die Bedeutung dessen, was neu ist.
Ich schlage einen Kreis mit dem Zirkel auf der Wandtafel, um zu zeigen, was ich damit sagen will. Ich bezeichne das, was ich gezeichnet habe, als das Reich der Architektur. Es ist natürlich nicht so. Wir

Eine Aussage

wissen, daß dieser Kreis nicht das Reich der Architektur umschreibt; aber immerhin hat es Grenzen, das wissen wir. Wir wissen, daß ein Architekt weder Bildhauer noch Maler ist. Ein Maler, zum Beispiel, kann Leute verkehrtherum malen, auf den Kopf stellen, er kann sie durch die Luft fliegen lassen, er kann Türen malen, die kleiner sind als die Menschen. Ein Bildhauer kann die Sinnlosigkeit des Krieges vermitteln, indem er eine Skulptur macht aus einer Kanone mit viereckigen Rädern. Aber ein Architekt muß kreisrunde Räder benutzen, und er muß die Eingänge höher machen als die Menschen. Er ist mit den beiden anderen nicht vergleichbar; sein Reich ist ein anderes. Ich ziehe diesen Kreis und bezeichne ihn als Reich der Architektur. Wenn wir heute Architektur aus diesem Blickwinkel sehen, so könnte der schöpferische Mensch sie ganz anders sehen. Die gleiche Architektur, die gleichen unvergänglichen Qualitäten, die Architektur zu Architektur machen.
Und er macht sich ein Bild, und dieses Bild sehen die Menschen von heute. Dieses Bild läßt einen anderen Blickpunkt erkennen. Die Menschen sehen sofort, daß das Reich der Architektur größer geworden ist; die Wände, die Grenzen werden besser verstanden. Der schöpferische Mensch entwirft ein neues Bild; der Künstler versucht, die Schönheit aus diesem neuen Blickpunkt heraus zu verwirklichen.

Die folgenden Überlegungen von Louis Kahn kreisen um das Wort *realization*.
Die Bedeutung, die er diesem Begriff gibt, ist eine sehr persönliche. Er schöpft dabei alle Facetten der Wortbedeutung im Sinne von erkennen, vergegenwärtigen und verwirklichen aus.

Das bringt uns nun darauf, was schöpferisches Erkennen, was Realisierung wirklich ist. Realisierung vollzieht sich als Formgebung im eigentlichen Sinne, nicht als Entwurf. Realisierung hat weder Gestalt noch Dimension. Es geht dabei um eine tiefe, erkennende Klärung, wobei der Sinn für Ordnung einerseits und der Sinn für Traum, für das Religiöse andererseits sich ineinander verhängen. Ein Mensch lebt nicht eine Philosophie – er lebt, wie er lebt; aber er gibt die Philosophie weiter als etwas, das ihm nicht gehört, weil er die Philosophie, die er denken kann, nicht wirklich leben kann. Aus diesem Sinn für Ordnung und dem Gespür für den Traum kommt das, was wir tun. Realisation als Form. Form hat, meiner Ansicht nach, weder Gestalt noch Dimension; Form ist lediglich das Unterscheidungsmerkmal zwischen dem einen und dem anderen. Ein Kreis ist kein Dreieck, auch wenn sie flächengleich sind. Er ist als Form nicht das gleiche. Er hat einige kennzeichnende, untrennbare Bestandteile. Wenn man einen wegnimmt, ist die Form zerstört. Jeder Teil muß zu dem anderen passen. Das ist Realisation als Form. Wenn der Wissenschaftler das erkennt, wird er jahrelang an dieser Erkenntnis weiterarbeiten.
Dr. Salk nennt Menschen, die in diesem Sinne auf eine Erweiterung von Erkenntnis und Realisation hinarbeiten, „Biologie-Ingenieure". Aber der Biologe, den er sich vorstellt und den er gern in seinem Institut

hätte, muß das Unmeßbare ebenso in Betracht ziehen wie das Meßbare. Kaum zu glauben, daß es Aussagen gibt wie diese: „Wir wissen erst, was Hoffnung ist, wenn wir sie messen können." Ich glaube nicht, daß es so ist. Ich glaube, das Unmeßbare wird immer unmeßbar bleiben und wenn man daran festhält, wird einem das Unmeßbare allmählich näherkommen, vertrauter werden. Weil man erkennt, daß man es nie fassen wird. Man wird mehr darüber wissen, wenn man erkennt, daß man nie wirklich etwas darüber wissen wird.

Und ich glaube auch nicht, daß man die Natur jemals wirklich wird messen können – es sei denn, wir vertiefen über Jahre und Jahrzehnte unsere Fähigkeit zu staunen, es sei denn, wir tauchen tief in diesen Brunnen, der uns die ganze Geschichte unserer Entstehung erzählt. Gestaltung nun ist die Verwirklichung von dem, was man als Form erkannt hat. Ich nehme ein einfaches Beispiel, weil mir im Augenblick kein anderes einfällt. Wenn man sich einen Löffel vorstellt, dann denkt man an eine Mulde und an einen Stiel. Wenn man die Mulde entfernt, hat man einen Stock. Wenn man den Stiel wegläßt, hat man eine Tasse. Zusammen ergeben sie einen Löffel. Aber Löffel ist nicht Löffel. Löffel ist Form. Ein Löffel wird aus Silber oder Holz gemacht, und ein solcher Löffel ist Gestaltung. Die Erkenntnis „Löffel". Die Form. „Löffel", das ist noch keine Gestalt.

Dies alles läßt sich auch auf Bauten ausdehnen, wie überhaupt auf alles, was wir tun. Nehmen wir ganz einfach das Beispiel von etwas, das zusammengehört, und etwas, das getrennt werden kann. Ich hatte das Problem beim Bau einer Schleifmittelfabrik. Eine Schleifmittelfabrik ist ein ziemlich schrecklicher Arbeitsplatz, weil der Staub so schlimm ist. Die Architektur sollte so sein, daß menschliche Arbeit in dieser Atmosphäre überhaupt möglich ist. Deshalb wurde es eine vollkommen eingekleidete Architektur, in der der Staub abgesaugt wird, ehe er die Arbeitsräume erreichen kann. So muß das Gebäude aussehen; mir ist allerdings keine Schleifmittelfabrik bekannt, die so aussieht. Wenn ich den Auftrag bekäme, würde ich es eben auf diese Weise machen. Stellen Sie sich doch nur einmal vor, vom heutigen Standpunkt architektonischen Denkens, wo man darin eine Cafeteria unterbringen soll: viele Architekten meinen, man könne ihr einen beliebigen Platz in diesem Schleifmitteltempel zuweisen. Und eben dies ist ganz falsch, denn eine Cafeteria hat nichts mit Schleifmitteln zu tun und Schleifmittel nichts mit einer Cafeteria. Sie muß außerhalb des Gebäudes liegen. Ein kleines pompejanisches Haus in der Nähe der modernen Fabrik, das wäre möglich; aber nicht der Versuch, beides zu integrieren. Denn in bezug auf die Form haben sie nichts gemein: sie bedeuten einander

Eine Aussage

nichts. Die Realisation einer solchen, wesentlichen, Trennung, oder umgekehrt, die Realisation dessen, was unbedingt zusammengehört, das fehlt unserer Architektur.

Das bringt mich wieder auf die Begriffe „Ordnung" und „Regel", die mich gegenwärtig beschäftigen – nicht etwa daß meine Architektur sich radikal veränderte; zur Zeit verändert sie sich überhaupt nicht. Gesetze lassen sich nicht verändern. Und Gesetze existieren. Möglicherweise begreift man es nicht zur Gänze, aber es ist da. Immer. Die Regeln hingegen sollten als etwas zu Überprüfendes gelten. Die Regel ergibt sich aus der Einsicht des Gefühls in den Bereich des Gesetzes. Und wenn zu gewissen Zeiten mehr über das Gesetz erkannt wird, dann ändern sich auch die Regeln. Denken Sie nur an die wundervollen Entdeckungen der heutigen Wissenschaft und an die Unbeweglichkeit unserer Architektur. Unsere Bauten wirken heute wie Renaissancebauten, nur mit neuen Materialien. Für mich sehen sie nicht aus wie moderne Bauten. Und das, weil die Regeln nicht verändert wurden.
Denken wir einmal an unsere Großstädte, an unsere neuen Erkenntnisse, an den neuen Sinn für Ordnung in bezug auf Wasser, Licht, Luft, Bewegung. Denken Sie in diesem Zusammenhang an das Gesetz und die Regeln. Wenn ich unter einen Lastwagen gerate, ist der Lastwagen hart, und ich bin weich – also bin ich der Verlierer, so ist das Gesetz. Rotes und grünes Licht sind eine Regel. Wenn ich Auto fahre, stört mich das rote Licht, die Regel. Und ich würde gern geradeaus weiterfahren. Aber ich denke an mein eigenes Kind, und ich gehorche der Regel.
Das Gesetz ist unerbittlich, es kennt keine Gefühle; aber die Regel kennt sie. Denken Sie nur an Städte, deren Wasserreservoire kilometerweit von da entfernt liegen, wo das Wasser genutzt wird. Warum benutzen wir gefiltertes Wasser für die Einrichtung von Klimaanlagen und Trinkwasser, um Springbrunnen zu speisen? Und warum müssen Straßen mit gefiltertem Wasser gereinigt werden? Warum haben wir keine künstlichen Wasserwege, die sich leicht durch die ganze Stadt führen ließen und die die Achtung vor dem kostbaren Trinkwasser symbolisieren? Die Bewegungs-Ordnung heute basiert noch immer auf Pferd und Wagen. Man hat den Eindruck, der Dung sei gerade erst eben weggefegt worden. Auf das Auto wird kein Gedanke verschwendet. Ihm dienen die gleichen Straßen, die dem Pferd gedient haben, das ein Fußgänger war. Das Parkhaus heute ist nichts anderes als der Pfosten, an dem es angebunden wurde, aber das Parkhaus steht auf einem Grundstück und sollte eine Erweiterung der Straße sein. Ein Parkhaus ist eigentlich eine Art Sammelstraße und muß also Teil der Straße sein. Im Stadtinnern müssen die Straßen vollkommen neu

geschaffen werden. Warum müssen die Straßen, wenn eine Reparatur nötig ist, oder man Bequemlichkeit und Umweltschutz verbessern will, immer aufs neue aufgerissen werden? Immer wieder graben wir in ihnen herum, als seien sie die Via Appia. Warum gibt es kein Gebäude, in dem eine Etage nur für die Rohrführung dient? Das tote Stadtinnere, wo derartige Fehler am unrentabelsten sind, sollte vollkommen überholt werden. Im Zentrum der Stadt sollten die Straßen zu Bauten werden. Diese sollten ergänzt werden durch eine Bewegungsführung, die von den örtlichen Straßen nicht den Tribut für einen überörtlichen Verkehr einfordert. Ein System von Überbrückungen, die jeweils ein Quartier umschließen und den Bewohnern die Straßen zu eigener Benutzung überlassen, sollte so angelegt sein, daß jede solche Brücke im Untergeschoß Läden und anderen Nutzraum enthält. In einem Modell, das ich kürzlich für die Graham Foundation anfertigte und das ich Mr. Entenza vorstellte, macht dieses Schema anschaulich: es entwickelt neue Regeln aus der Anerkennung der Gesetzmäßigkeiten.

Im Salk-Projekt wiederum habe ich Wände um die Gebäude gestellt, um das grelle Licht abzuschirmen. Ich halte Jalousien und Vorhänge und alle anderen Vorrichtungen am Fenster für unarchitektonisch. Es ist Zeug aus der Dekorationsabteilung eines Warenhauses. Der Architekt muß seine Architektur gegen das grelle Licht, gegen den Wind setzen, und seine Formen und Dimensionen leiten sich daraus ab. Meine Blendmauern basieren auf einem ganz einfachen Prinzip, das ich durch Beobachtung herausfand, als ich in Afrika war, wo das grelle Licht sehr störend ist. Dort arbeiten die Leute mit dem Rücken gegen die Sonne, und sie erhalten das Licht im Reflex von den Wänden in der Nähe ihres Arbeitsplatzes. Die Gebäude stehen dicht beieinander, und die Fenster gehen auf Wände hinaus. Die grelle Helligkeit wird gemildert, wenn man auf etwas blickt, das im Licht steht. Diese Wände, die ich für das Salk Center in San Diego entwickelt habe, beruhen auf dieser Erkenntnis eines Licht-Gesetzes, aus dem ich beim Entwurf des Baus für mich selbst eine Regel abgeleitet habe.

Kürzlich wurde ich aufgefordert, eine Stadt in Israel zu entwerfen. Leider konnte ich meine Ideen nicht selbst übermitteln. Jedenfalls dachte ich mir, daß die Wüste zu flachen Hügeln verformt werden sollte, die Wasserreservoire enthalten sollten. Und diese Hügel sollten so gegen den Wind gestellt werden, daß sie dazu beitragen, die Windströmungen zu kanalisieren, die bis jetzt unkontrolliert verlaufen. Und ein Dorf sollte nach den Erfordernissen der Windströmung gebaut werden, und die Luft durch schmale Gassen zu großen Plätzen geführt werden. Der Querschnitt dieser Straßen würde den Bedürfnissen dortigen Bauens

Eine Aussage

entsprechen. Sie würden sich in Deutschland nicht verwenden lassen. Aber einige der Bauten, die jetzt in Israel aufgeführt werden, folgen den durch deutsche Architekten bestimmten Regeln – gute Regeln für Deutschland, aber nicht für Israel. Wirklich einheimische Architektur – das ist eine aufregende Sache.
In einem Studentenwohnheim, das ich für das Bryn Mawr College baue, sollten, wie ich fand, der Eßsaal, der Wohnraum, die Empfangsräume und die Eingangszone sich in jeder Hinsicht von den Schlafräumen unterscheiden. Und so trennte ich die Schlafräume ganz von den übrigen Räumen ab, in der Annahme, daß damit der Unterschied zum Ausdruck käme. Aber ich entdeckte, daß dies ein Fehler war. Mir wurde klar, daß ein Mensch, der in einem Raum schläft, sich wohl im Haus fühlt, wenn er weiß, daß das Eßzimmer eine Treppe tiefer ist. Dasselbe gilt für den Eingang des Hauses. Die Atmosphäre der Gastfreundschaft, des Empfangenwerdens, der Geselligkeit muß in das Gewebe des ganzen Hauses fest eingebunden sein. Ich änderte – sehr zu meiner Freude – das gesamte Konzept in diesem Sinne und verwob alle Räume miteinander. Für mich bedeutet das: Realisation als Form. Wenn ich weiter das Ganze nur als Gestaltung gesehen hätte, wie ich es anfangs tat, hätte das zu einem Bau geführt, der vielleicht gut aussah, der aber nicht vermocht hätte, eine wundervolle Besonderheit der Architektur zu vermitteln. Denn eigentlich ist Architektur eine Welt für sich innerhalb einer Welt. Wenn man ein Bauwerk schafft, schafft man eine Art Standort für eine menschliche Aktivität, die sich, sagen wir einmal, von einer anderen Aktivität unterscheidet, auch wenn beide zum gleichen allgemeinen Tätigkeitsbereich gehören.

Einer der herrlichsten Bauten der Welt, der solche Ideen in sich trägt, ist das Pantheon. Das Pantheon ist wirklich eine Welt in einer Welt. Der Bauherr, Hadrian, und der Architekt, dessen Namen ich nicht kenne, erkannten das Bedürfnis nach einem solchen „pantheonischen" Angebot, das keine bestimmte Religion, kein vorgegebenes Ritual voraussetzte, sondern für eine unmittelbar inspirierte Kulthandlung gedacht war. Der Architekt sah einen sehr großen Rundbau vor sich. Ich vermute, daß er sich einen Bau von etwa 100 m Durchmesser wünschte; aber er überlegte es sich anders, denn es gab keine Handwerker für einen derartigen Bau, er wäre also unökonomisch gewesen. Ökonomie bedeutet hier, daß niemand da ist, der das bauen kann. Ich meine also nicht Geld – oder den Etat –, ich meine Ökonomie. Und so hat das Pantheon heute einen Durchmesser von etwa 40 Metern. Die Kuppel, die erste echte Kuppel, wurde mit einer Öffnung zum Himmel entworfen. Nicht aus Gründen der Vergeistigung, sondern weil diese Lösung am wenigsten ablenkt, weil sie die transzendenteste ist. Dieses Bedürfnis, nichts Spezifisches auszudrücken, keinerlei Richtung zu bevorzugen, das teilt sich als Form mit, als Gefühl und als Philosophie. Die Form verweigert die Richtung... kein Rechteck also... auch ein Quadrat wäre unbefriedigend, die Distanz zu den Ecken ist zu groß. Der Rundbau als Ausdruck einer Welt in einer Welt ist unwiderlegbar. [...]

„A Statement by Louis Kahn", genehmigter Nachdruck aus *Arts and Architecture*, Bd. 81, Nr. 5, Mai 1964, S. 18–19 und 33.

1970
Architektur: Stille und Licht

*silence lightless darkless
desire to be*

*light the giver of all presences
out of law or will*

*light to silence
silence to light
Inspirations
desire to express
sanctuary of art
treasury of the shadows*

Kehren wir zurück zu der Zeit, als die Pyramiden gebaut wurden. Lärm und eine Staubwolke markieren den Platz, wo sie entstanden. Und nun sehen wir die Pyramiden ganz nah und gegenwärtig. Stille herrscht, und in ihr spüren wir das Verlangen des Menschen, sich auszudrücken. Und das war da, ehe der Grundstein gelegt wurde.
Ich stelle fest, daß, wenn ein Bauwerk frei und ganz unabhängig entsteht, sein Geist hochgestimmt ist. Kein Grashalm wagt sich zu rühren in seinem Schatten. Wenn das Bauwerk vollendet dasteht und in Gebrauch genommen wird, scheint es die Geschichte seines Entstehens erzählen zu wollen. Aber wenn auch nur Teile davon unterdrückt, versklavt sind, ist diese Geschichte schwach und bedeutungslos. Aber wenn es nicht mehr benutzt wird und zur Ruine verfällt, kommt das Wunder seines Anfangs wieder zum Vorschein. Es fühlt sich wohl, von Laub überwuchert zu sein, es ist wieder hochgestimmt und von allen Fesseln frei.

Ich empfinde Licht als den Spender aller Gegenwart, und alles Material lebt durch das Licht. Was durch Licht entsteht, wirft einen Schatten, und der Schatten gehört zum Licht. Ich spüre da einen Übergang von Licht zu Stille, von Stille zu Licht – eine Atmosphäre der Inspiration, in der das Verlangen, zu sein und sich auszudrücken, sich mit dem verquickt, was möglich ist. Der Felsen, der Strom, der Wind – sie alle inspirieren. Wir sehen das Schöne im materiell Existierenden zuerst voller Staunen, dann wissend, und dieses Wissen wiederum wandelt sich zum Ausdruck des Schönen, das aus dem Verlangen nach Ausdruck erwächst. Im Heiligtum der Kunst wird Licht zur Stille und Stille zu Licht. Dort gibt es keine Vorlieben, keinen Stil. Die Wahrheit und das Gemeinsame, das ist es, worum es dabei geht.

Architektur ist keine faßbare Erscheinung, sie existiert als etwas Geistiges. Ein Werk der Architektur ist ein Angebot an den Geist der Architektur. Man kann auch sagen, daß das Reich der Malerei, der Bildhauerei und der Literatur im Geist existieren, und ihr Wesen enthüllt sich in Werken, die uns unvertraut sind. Indem ich das Wort „unvertraut" verwende, erkenne ich die Einzigartigkeit jeder einzelnen Interpretation und jedes Talents an. Aber die individuellen Interpretationen eines Geistes sind nur neue Bilder dieses gleichen Geistes. Auch in der Natur entwickelt sich die Vielfalt von Formen aus einer universellen Ordnung.

Form ist die Anerkenntnis der Unversehrbarkeit untrennbarer Teile. Das gilt gleichermaßen für Natur und Kunst. In der Natur ist das Gültige unbewußt. Jedes Sandkorn am Strand hat eine natürliche Form und Farbe, ein natürliches Gewicht und einen natürlichen Platz. Es ist Teil des unaufhörlichen Balanceaktes, der einzig und allein durch die Naturgesetze bestimmt wird. Was der Mensch erschafft, muß diesen Gesetzen entsprechen, ist aber durch Regel und Auswahl bestimmt. Das eine ist meßbar. Das andere ist vollkommen unmeßbar. Was die Natur schafft, schafft sie ohne den Menschen, und was der Mensch erschafft, kann die Natur ohne ihn nicht hervorbringen.

Die Natur stellt kein Haus her. Sie kann keinen Raum schaffen. Wie wunderbar, daß, wenn ich mit einem anderen in einem Raum bin, die Berge, die Bäume, der Wind und der Regen uns dem Denken überlassen und dieser Raum eine Welt für sich wird. Zusammen mit nur einem einzigen anderen Menschen empfindet man sich als schöpferisch. Die Begegnung wird zum Ereignis. Der Schauspieler läßt die Anweisungen für seinen Auftritt beiseite. Das Konzentrat all seiner Gedanken und Erfahrungen trifft unter gleichen Bedingungen auf die des anderen. Und obgleich es mir vorkommt, als stellte ich

Ein Blatt aus den Notizbüchern von Louis I. Kahn

The Pyramids ~~seem to want to~~ ~~are a life that~~ ~~seems to say~~
  ~~its~~ tell of motivations ~~&~~
  and ~~its~~ meeting with Nature
  in order to be

I sense
  Silence as the aura of the 'desire to be to express'
  Light as ~~Nature~~, the aura 'to be to be'
  Material as 'spent light'

(The mountains the streams the atmosphere
and we are of spent light)

Silence to Light
Light to Silence
~~The~~ Threshold of their ~~meeting~~ crossing / Their crossing / the Threshold of the singularity
  is the Singularity
  ~~is the inspiration~~ ~~paradox touch~~ of ~~its~~ inspirations
  (where the desire to express meets the possible)
  is the Sanctuary of Art
  is the Treasury of the Shadows

(Material casts a shadow — the shadow belongs to light)

eben jetzt die Dinge anders dar, als ich sie zuvor gesagt habe, habe ich doch schon oft darüber nachgedacht; und meine Ideen sind nicht eigentlich kreativ. Der Raum aber ist wirklich etwas ganz Wunderbares.

Architektur ist zuallererst damit befaßt, Räume zu schaffen, die den Institutionen der Menschen dienen. In der Aura von Stille und Licht erkennt das Verlangen, zu sein, zu schaffen, etwas auszudrücken, die Gesetze des Möglichen an. Das Verlangen zu wissen ist stark, es kündigt den Beginn aller Institutionen zum Lernen an, die sich zu entdecken bemühen, wie wir beschaffen sind. Im Menschen selbst ist die Entwicklung des Menschen enthalten. Mit seinem Bewußtsein erkundet der Mensch diese Entwicklung, sie löst das Verlangen aus, zu erfahren, was die Natur ihm mitgegeben hat und welche Entscheidungen er getroffen hat, um sich selbst und seine Wünsche in die Odyssee seiner Entwicklung hinüberzuretten.

Ich glaube, daß alles Leben bewußt ist. Bewußtsein ist in der Rose, der Mikrobe, dem Blatt. Dieses Bewußtsein ist für uns nicht verständlich. Wieviel mehr würden wir verstehen, wenn wir diese Geheimnisse aufdecken würden; denn dann würde ein noch umfassenderer Sinn für das Gemeinsame in die Aussagen der Kunst eindringen und dem Künstler noch mehr Möglichkeiten bieten, in seinen Werken die vorherrschende Ordnung, das vorherrschende Gemeinsame zum Ausdruck zu bringen.

Widerstreit zeigt sich überall. Ich glaube nicht, daß er nur aus den Bedürfnissen kommt. Widerstreit entstammt dem Verlangen, etwas zu schaffen, das noch nie geschaffen wurde, etwas auszudrücken, das noch nicht ausgedrückt worden ist. Bedürfnisse kommen aus dem, was man kennt. Nur das zu beschaffen, was noch fehlt, bringt keine tiefere Freude. Brauchte die Welt die Fünfte Symphonie von Beethoven? Brauchte Beethoven sie? Er hatte Verlangen nach ihr, und nun braucht die Welt sie. Das Verlangen schafft das neue Bedürfnis.

Ich blicke auf das Licht, das den Hang des Berges streift und so bedeutungsvoll ist, weil es dem Auge die winzigste Einzelheit der Natur nahebringt; es belehrt uns über das Material und über die Wahl, die wir haben, wenn wir ein Haus bauen. Aber haben wir weniger Vergnügen daran, eine Backsteinwand zu betrachten mit all ihrer Regelmäßigkeit, mit all ihren köstlichen Unvollkommenheiten, die das natürliche Licht enthüllt? Wir errichten eine Mauer in der Hoffnung, daß ein einmal beobachtetes Licht in einem seltenen Augenblick wieder auf sie trifft. Wie soll sich irgend jemand ein Bauwerk vorstellen, das er nicht im natürlichen Licht gesehen hat? Schulen werden gebaut, mit wenig oder gar ohne natürliches Licht, vermutlich um Unterhaltungs-

kosten zu sparen und den Lehrern die ungeteilte Aufmerksamkeit ihrer Schüler zu sichern. Die wundervollsten Seiten des Innenraums sind seine Stimmungen, die, die das Licht dem Raum verleiht. Die Glühbirne bekämpft die Sonne. Vergessen Sie das nicht!
Ich muß an Tolstoi denken, der ohne Fragen zu stellen vom Unglauben zum Glauben kam. In seinen späteren Jahren beanstandete er die Wunder und sagte, Christus sei auch ohne sie voller Glanz. Es sei, so meinte er, als hielte man eine Kerze gegen die Sonne, um sie besser sehen zu können.
Struktur erzeugt Licht.
Zwischen zwei Säulen entsteht Licht, es ist der immer neue Wechsel von Dunkelheit und Licht, Dunkelheit und Licht. In der Säule erkennen wir eine einfache und rhythmische Schönheit, die sich aus der einfachen Mauer und ihren Öffnungen entwickelt hat. Anfangs waren die Mauern dick. Sie schützten den Menschen. Er fühlte ein Verlangen nach Freiheit und nach dem, was die Welt da draußen versprach. Zuerst brach er rüde eine Öffnung heraus. Dann erklärte er der unglücklichen Mauer, daß sie – wenn sie schon eine Öffnung hingenommen hätte – nun auch einer höheren Ordnung folgen müßte, mit neuen und würdigen Elementen wie Bogen und Pfeilern. Das sind die Erkenntnisse der Architektur zu Licht und Struktur. Wer einen quadratischen Raum wählt, wählt auch das dazugehörige Licht, das sich von dem Licht anderer Raumformen unterscheidet. Auch ein Raum, der dunkel sein soll, braucht zumindest einen Lichtspalt, damit man weiß, wie dunkel er ist. Aber die Architekten, die heute Räume entwerfen, haben ihren Glauben an das natürliche Licht verloren. Indem sie sich von einem Fingerdruck auf einem Schalter abhängig machen, geben sie sich mit statischem Licht zufrieden und vergessen die unendlich sich wandelnden Eigenschaften des natürlichen Lichts, durch das ein Raum in jeder Sekunde des Tages ein anderer ist.
Ich sprach von Form als einer Ausdrucksweise der Natur. Gestalt ist Ausdruck der inneren Form. Die Form folgt dem Verlangen zur Verwirklichung eines Traums oder einer Überzeugung. Die Form verrät die Untrennbarkeit der Elemente. Gestaltung ist das Bemühen, Elemente zu Gestalten zu entwickeln, die miteinander vereinbar sind, damit eine Ganzheit entsteht, etwas, das einen Namen hat. Die Form, die der eine im Sinne hat, gleicht nicht der Form, die sich ein anderer vorstellt. Wesen, Form und Gestalt lassen sich nicht willkürlich manipulieren. Innerhalb des Entwurfsprozesses gibt es wunderbare Ordnungsmuster: die Ordnung der Struktur, der Konstruktion, der Zeit, der Räume – alles das kommt ins Spiel.

Silence to Light
Light to Silence

The desire to express
The Threshold
The Inspirations
The Sanctuary of Art
The Treasury of The Shadows

Stille und Licht
Stille und Licht
Der Wunsch nach Ausdruck
Der Wunsch nach Ausdruck
Die Inspirationen
Das Heiligtum der Kunst
Die Schatzkammer der Schatten

Architecture is the making of a room; an assembly of rooms. The light is the light of that room. Thoughts exchanged by one and another are not the same in one room as in another.

A street is a room; a community room by agreement. Its character from intersection to intersection changes and may be regarded as a number of rooms

Architektur erschafft Raum, eine Gesellschaft von Räumen. Licht ist das jedem Raum eigene Licht. Gedanken, die mitgeteilt werden, von einem zum anderen, sind nicht diesselben in diesem oder in jenem Raum. Eine Straße ist ein Raum, ein gemeinschaftlicher Raum. Sie ist es durch Vereinbarung. Ihr Charakter verändert sich von Kreuzung zu Kreuzung. Sie kann als eine Folge von Räumen angesehen werden.

Wenn ich mir ein Blatt mit Noten ansehe, weiß ich, der Musiker sieht es an, um zu hören. Für einen Architekten ist der Plan ein Blatt Papier, auf dem sich die strukturelle Ordnung von Räumen im Licht zeigt.
Die Bildungseinrichtungen geben dem Architekten ein Programm der Erfordernisse an die Hand. Diese Erfordernisse leiten sich aus vorausgegangenen Entwürfen ab, die zeitgebundenen Bedürfnissen entsprechen. Diese Bedürfnisse sind sehr weit entfernt von dem ursprünglichen Inbegriff „Schule". Der Architekt darf das Programm lediglich als Leitfaden betrachten. „Schule" – in ihrer ursprünglichen Bedeutung als Gemeinsamkeit – sollte immer so betrachtet werden, als würde sie zum allerersten Mal verwirklicht.
Kürzlich beschlossen meine Studenten, über die Frage zu disputieren: „Was ist eine Universität?"
Wir hatten kein Programm. Wir dachten über das Wesen einer Universität nach. Unser Geist war von allem Wissen entleert und voll von Abenteuerlust. Einer der Studenten legte besonderen Nachdruck auf die zentrale Bibliothek, als Ort geistiger Hingabe. Es wurde auch vorgeschlagen, die Bibliotheken der einzelnen Fakultäten durch eine „Brücke" mit der Hauptbibliothek zu verbinden, weil die Hauptaufgabe, die die Universität für die Gemeinschaft leistet, die Legitimierung der akademischen Berufe ist. Aber wir mußten mit Betrübnis feststellen, daß die Universität zunehmend zu einer Art Markt wird, die wegen Forschungsgeldern mit anderen Hochschulen konkurriert und besondere akademische Grade erfindet, um Studenten anzulocken. Die Architektur, zum Beispiel, wird von Stadtplanung und Städtebau getrennt, und man schließt auf diese Weise Studenten mit einer weitgespannten, natürlichen Begabung für die Architektur, die solche professionellen Eingrenzungen ablehnen, aus.
Auf dem Markt tendieren die akademischen Berufe dazu, zum bloßen Geschäft zu werden und so jede individuelle Begabung, die sich bislang immer als die führende Kraft erwies, zu unterdrücken. Der Architekt kann den Geist seiner Kunst und die sich aus ihr ergebende Ordnung nur verwirklichen, wenn er die Probleme, die er zu lösen hat, als Teil eines Ganzen betrachtet. In Nischen der Spezialisierung verwiesen, wird er einer in einem Team, der Teilentwürfe anfertigt und der Welt nichts zu bieten hat außer ein paar Lösungen für akute Bedürfnisse. Er wird niemals frei und erfahren genug sein, um Wünsche in Inspirationen zu verwandeln. Und wenn ich auch glaube, daß ein einzigartiges Talent nicht zerstört werden kann, so wird es doch beeinträchtigt, gehemmt. Talent muß rechtzeitig entdeckt werden, damit es Vorzügliches schafft.

Bei ihren Überlegungen zu der „Brücke" zwischen den Bibliotheken entwickelten meine Studenten Vorstellungen für die besonderen Lokalitäten innerhalb der Universität. Der Garten zeigte sich als untrennbar verbunden mit den Räumen, dem Innenhof, dem Empfangsbereich, den Grünanlagen und dem großen Hof als Ort spontaner Aktivitäten.
Unsere Meinungsverschiedenheiten brachten uns dazu, über eine Struktur nachzudenken, die sich nicht nach Lehrern, Studenten oder Direktoren unterteilt. Wie eine Stoa sollte sie rundherum führen, und der Standort auf dem Campus sollte eine weite Rasenfläche sein, über die kein Weg führt. Über die Aufteilung sollte später entschieden werden, und der Rasen würde sich dem jeweiligen Gebrauch anpassen.
Man fand, daß eine Universität viel von der Stadt zu gewinnen hat, die umgekehrt die Universität als eine ihrer wichtigsten Einrichtungen betrachten könnte. Aber die professionelle Praxis findet auf dem Markt statt, und die Universität, die ja die akademischen Berufe fördert, sollte sich davon freimachen. Das brachte uns wiederum auf die Rolle des Stadtplaners. Wir erkannten, daß es einen Ort geben müßte, der frei von den Belangen der Universität wie des Marktes war, wo beide zusammentreffen könnten.
Die Visionen der Planer treffen auf die politische Ökonomie der Stadt. Dieser besondere Bereich sollte als eine neue gesellschaftliche Institution erkannt werden und der Regierung und den Ämtern für Bildung und Gesundheit gleichwertig sein.
Die Stadt wird an ihren Institutionen gemessen, und ihr Wachstum läßt sich nach den Leistungen der politisch Verantwortlichen bewerten, die empfänglich sind für die Wünsche der Menschen und diesen Wünschen zum Ausdruck verhelfen wollen. Die Untersuchungen, die zu neuen Institutionen führen, werden zum Ausgangspunkt für die Planung. Verkehrspläne und Stadterneuerungsprojekte sind nur korrigierende Maßnahmen. Die wohlbekannten Institutionen brauchen eine neue Lebendigkeit, bewußte Einsichten. Denken Sie einmal – als Beispiel für den ständigen Verfall – an das Rathaus, das sich aus dem Versammlungsort auf der Gemeindewiese von einst entwickelt hat. Es ist vermutlich der größte Schandfleck der Stadt – ein Ort, den man mit Steuern, Gebühren, Gerichten und Gefängnissen in Verbindung bringt und wo niemand niemanden trifft. Seit der Zeit, da es ein Versammlungsort war, haben sich die Interessen der Stadtbewohner vervielfältigt und spezialisiert. Aber es gibt keinen Ort, wo man diese Interessen an die Öffentlichkeit bringen könnte. Mit Hörsälen, Versammlungsräumen und Seminaren würde man den Geist der Repräsentation neu beleben und einen Ort schaffen, den alle als ihr eigenes Stadthaus empfinden könnten.

The one desires to be to express the one
to be to make the one light
one luminous the one light luminous now
Eternity is of two brothers

Einer wünscht zu sein um sich auszudrücken
Einer wünscht zu sein um zu handeln
Ein Licht leuchtet nicht Ein Licht leuchtet
Ewigkeit besteht aus zwei Spiegelbildern

Um Material sichtbar zu machen verausgabt
sich das allgegenwärtige Licht.
Figuren entfachen einen wilden Tanz,
flammend, unzerstörbar

Unsere Inspirationen kommen uns zu Hilfe, wenn wir uns von den bekannten Lösungen und Methoden zu befreien versuchen. Die Erkenntnis einer bislang unerkannten Natur der Sache können zu einer völlig neuen Anschauung von allem und jedem anregen. Heute sprechen wir über Technologie, so als würden wir unseren Geist der Maschine unterwerfen. Sicherlich ist die Maschine nichts als Verstand, den wir – zu unserem Glück – von der Natur mitbekommen haben. Aber ein Geist, der erkenntnisfähig ist, kann eine neue Technologie in Gang setzen, die alles Vorausgegangene in den Schatten stellt.

Lehren ist Arbeit. Aller Anfang ist dem Lehrer teuer, denn da spürt er an dem, was er akzeptiert und zu unterstützen bereit ist, wie ein Mensch beschaffen ist. Die Regeln, die für Lehrer gelten, unterscheiden sich oft weit von denen anderer. Weil er das Verlangen hat, etwas über das Geistige in ihm selbst mitzuteilen, sucht er nach Worten, die seinen eigenen Regeln möglichst nahekommen, ohne alles Schöpferische einzubüßen. Eben aus diesem Grund habe ich „das Gemeinsame" anstelle von „Geist" gesetzt. Was Geist ist – darüber ist man sich sofort einig. Das Gemeinsame bringt uns zum Nachdenken.

Kunst bringt etwas zum Leben. Wenn wir die vertrauten Klänge eines musikalischen Meisterwerks vernehmen, ist es, als käme eine vertraute Person herein. Aber so wie man sie wiedersehen muß, um an ihr Vorhandensein zu glauben, muß die Musik wieder und wieder gespielt werden, damit man in Erinnerung behält, was einen bewegt hat.

In Mexiko traf ich den Architekten Barragan. Ich war beeindruckt von seinen Arbeiten, weil sie der Natur so nahe kommen. Sein Garten ist von einer hohen Mauer umgeben, der Boden und der Baumbestand sind unverändert so geblieben, wie er sie vorgefunden hatte. Im Garten befindet sich eine Fontäne. Sie wird von einer Quelle gespeist, die leicht über gezackte Steinbrocken spielt und, Tropfen für Tropfen, in eine große, bis zum Rand gefüllte Schale aus rhinozerosgrauem Stein fällt. Jeder Tropfen ist wie ein silberner Einstich, der silberne Ringe auslöst, die sich bis zum Rand ausbreiten und sich dann verlieren. Das Wasser in dem schwarzen Behälter war wie der Wasserweg eines Gebirgsbachs im Licht, über Felsen bis in eine tiefe Verborgenheit, wo sich sein Silber enthüllt. Barragan hatte vom Wasser gelernt und wählte das aus, was ihm am liebsten war.

Sein Haus ist nicht nur irgendein Haus, sondern das Haus „an sich". Jeder kann sich darin „zu Hause" fühlen. Das Baumaterial des Hauses ist traditionell, sein Charakter unvergänglich. Wir sprachen von Tradition, als handele es sich dabei um Scheunen voller Gold, das man aus dem Stroh der Geschichte gesponnen hat. Während der Mensch seinen Weg durch die Erfahrung macht, lernt er den Menschen kennen.

Was er lernt, fällt auf ihn wie Goldstaub. Wenn man ihn berührt, kommt eine Ahnung von Wahrheit. Der Künstler besitzt dieses Vermögen und kennt die Welt, noch ehe sie begann. Was er tut, hat psychologische Gültigkeit.

Ein Student fragte einmal: „Was ist eigentlich Intuition?" Und Robert le Ricolais, Mathematiker, Ingenieur und Naturwissenschaftler, antwortet: „Was den Menschen dazu brachte, den ersten Gegenstand herzustellen? Ganz gewiß nicht seine Kenntnisse, sondern sein Sinn für das Gültige. Aber Intuition muß genährt werden. Ich könnte auch sagen, alles beginnt mit der Poesie."

„Architecture: Silence and Light", Nachdruck aus „On the Future of Art", New York, Viking Press, 1970, S. 20–35. Beiträge von Arnold Toynbee u.a. Subventioniert vom Solomon R. Guggenheim Museum.

1972
Dies und Das
Ein Architekt äußert seine Gedanken

Über das Colonial House

Notizen
aus einem Interview
mit Beverly Russell

Das Kolonial-Haus ist wunderbar.
Meiner Ansicht nach ist sein Grundplan unvergänglich. Ganz gleich, wie sehr man ihn abwandelt – es bleibt ein unvergänglicher Plan.
Es gibt eine Eingangshalle und eine Treppe, die nach oben in die Schlafzimmer führt, einen Treppenabsatz, der wie ein Zimmer ist, ein Rastplatz für alte Leute auf dem Weg nach oben. Von da aus kann man nach vorn oder auch nach hinten gelangen. Das Eßzimmer liegt für sich, und dieses Für-sich-Sein bedeutet Unabhängigkeit, Unabhängigkeit auch für die Mutter, die den Tisch deckt. Heute verbinden wir Eß- und Wohnzimmer, und wenn die Gäste kommen, fällt ihr Blick auf den Tisch und die Gastgeberin, die hin und her hastet und dergleichen mehr; das Charisma des Hauses ist dahin. Ich meine, man kann den Plan des Colonial House auch heute noch nutzen. Die Trennung der Räume schafft eigenständige Orte. Einer der Räume wird zu dem Ort, in den man sich zurückzieht, während ein anderer für etwas anderes gut ist. Wenn man Räume so nebeneinander gelten läßt, wie es in den Häusern aus der Kolonialzeit üblich ist, erhält man eine ganze Gesellschaft von Räumen, von denen jeder einen eigenen Charakter hat und die sich in feinen Unterschieden zu erkennen geben. Man könnte sagen, daß Menschen, die sich in solchen Räumen begegnen, anders sind als jene, die in Räumen leben, in denen es solche Trennungen nicht gibt.

Über den Raum

Der Raum ist der Anfang aller Architektur.
In zwei verschiedenen Räumen wird nicht das gleiche gesprochen, so empfindsam sind Räume. Ein Raum ist etwas Wunderbares, eine Welt für sich. Er gehört uns und bietet uns ein Maß unserer selbst an.
Wie dringt der Lichtstrahl in den Raum? Man spürt seine persönliche Sphäre, man spürt: Diese Sonne, die da durchs Fenster dringt, über den Fensterbänken spielt, an den Fensterpfosten und Wänden entlanggleitet, ist meine Sonne. Und wenn man den Raum betrachtet, gehört er einem wirklich. Es ist eben ein ganz besonderer, der eigene Raum.

Dies und Das. Ein Architekt äußert seine Gedanken

Über das Haus

Ein Haus läßt sich auf verschiedene Weise bauen. Ich würde sagen, das Haus ist eine Gesellschaft von Räumen, die miteinander im Gespräch sind, ihr eigenes Leben zum Ausdruck bringen. Ich würde, um damit zu beginnen, nicht an bestimmte vorgegebene Räume denken, wie: Küche, Wohnzimmer und ähnliches. Dazu werden sie, ohne daß man ihnen einen Namen gibt. Einer der verheerendsten Fehler heute ist die Gewohnheit, einer Sache einen Namen zu geben, ehe sie sich einen verdient. Ein Haus muß so beschaffen sein, daß jeder – nicht nur der Bauherr selbst – sich zu Hause fühlen kann. Ein Architekt kann für den Besitzer, der es bei ihm bestellt hat, ein durchaus wundervolles Haus entwerfen, das, sobald ein anderer einzieht, jeden Charakter verliert. Der Bauherr, der sich ein Haus bestellt, um darin seine fragmentarische Sammlung von Ideen widerzuspiegeln, hindert das Haus daran, das zu sein, was ich ein Reich von Räumen nenne. Man denke an diese wunderbaren georgianischen Häuser in Dublin! Sie sind nichts anderes als Schatzhäuser voll Räume. Es scheint, als sei ein solches Haus nur für die eigenen Zwecke bestellt worden, aber es hat alles, was jedem anderen erlaubt, es auf seine Weise zu benutzen. Ein Haus, das mit der Absicht gebaut wurde, ein Zuhause für mich wie für alle anderen zu sein, das ist ein Schatzhaus.

Von künstlerischem Können

Ein guter Handwerker hat nie den Wunsch, seine Arbeit zu kaschieren. In einer anständigen Schublade verstecken sich die Schwalbenschwanz-Verbindungen nicht. Denn mit der Fuge beginnt das Ornament. Je weniger der Handwerker hinzufügt, desto sichtbarer wird die jeweils besondere Handfertigkeit. Ich habe inzwischen erkannt, daß ich eine eigene Art gefunden habe, mich auszudrücken, einen Zugang zum Bauen, ein Verhalten ihm gegenüber, das so eng verbunden ist mit der Unverfälschtheit des Baus, daß ich überhaupt nicht mehr imstande wäre, eine Fuge oder irgendein Material zu verkleiden. Ich könnte ihm auch nichts hinzufügen. Dekoration kann ich nur so verwenden, daß das, was ich da hineinbringe, etwas Eigenes ist – eine Skulptur oder eine Malerei. Aber, verstehen Sie, ich betrete auch Häuser, wo es das, was ich mache, nicht gibt – und ich liebe diese Häuser. Da gibt es eine Einheit, die ich gar nicht erst anstrebe, weil sie nicht in meiner Natur liegt. Ich bestehe darauf, daß vollkommen sichtbar wird, wie eine Wand gemacht ist. Und genau das tut ein guter Handwerker.

Von Farbe und Licht

Bei mir zu Hause haben die Wände keine Farbe. Ich will das Wunder des natürlichen Lichts nicht stören. Das Licht schafft in Wahrheit den Raum; das entsprechend der Tageszeit und den Jahreszeiten wechselnde Licht erzeugt Farbe. Außerdem gibt es den Widerschein der Böden, der Möbel, der Materialien – was alles dazu beiträgt, den vom Licht geschaffenen Raum zu meinem eigenen zu machen. Licht ist Stimmung. Die Farbe des Lichts ist sehr nachdrücklich. Wir wissen, daß rotes Licht grüne Schatten wirft und grünes Licht rote. Blaues Licht erzeugt einen gelben Schatten und gelbes Licht einen blauen. Wenn ein Sonnenuntergang von kräftigem, unvermischtem Rot ist, wird man überrascht ein tiefes, tintiges Grün als Schatten feststellen. Seit ich das erkannt habe, bin ich mehr und mehr von farbigen Wänden abgerückt und verlasse mich ganz auf das Licht. Die Farbe, die sich so ergibt, ist nichts Hinzugefügtes, sondern ganz einfach eine stete Überraschung.

Über die Motivationen der Menschen

Es gibt drei Dinge, die den Menschen motivieren, antreiben und zum Leben veranlassen: die Lust, etwas zu lernen, die Lust, anderen zu begegnen, die Lust am Wohlergehen. Das Wohnzimmer ist bestimmt durch die Lust, gesellig zu sein, aber das gleiche gilt auch für die Stadt. Man stelle sich nur einmal vor, was aus einer Stadt werden könnte, wenn wir uns daran erinnerten, daß ihr ursprünglicher Lebenswille die Antwort ist auf diesen Wunsch, einander zu begegnen. Unsere Erziehungseinrichtungen könnten geradezu in einem Lernen schwelgen, das sich in der Gemeinschaft erfahren läßt. Unser heutiges Schulsystem schafft keine solche Lerngemeinschaft, es ist etwas völlig anderes und spiegelt nur wenig von der Lernbegier, die in jedem steckt. Es läßt sich leicht darstellen, auf welche Weise die Schule wieder das werden kann, was sie vor langer Zeit war: man nimmt den Grundriß einer Schule und entscheidet, daß der wichtigste Raum neben den Klassenzimmern und der Bibliothek die Eingangshalle sein soll. Denn dieser Raum kann zu einem „Klassenzimmer" werden, in dem es keine Verpflichtungen, keine Schularbeiten, keine Schulstunden, keine Zensuren gibt. Im Raumprogramm einer Schule muß dieser Raum unbedingt enthalten sein, der ja wirklich der Ort der Gemeinsamkeit ist und menschliches Einvernehmen so wunderbar zum Ausdruck bringt. Sie sehen daran, wie wichtig es ist, Räume, die für eine bestimmte Einrichtung als richtig gelten, einer Revision zu unterziehen.

Dies und Das. Ein Architekt äußert seine Gedanken

Über Backstein

Wenn man mit einem Ziegelstein spricht und ihn fragt, was er sich wünscht, wird er sagen: einen Bogen. Und wenn man dann erwidert: Schau mal, Bögen sind teuer, und einfacher ist ein Fenstersturz aus Beton, sagt der Ziegelstein: ich weiß, daß es teuer ist, und ich fürchte, es läßt sich zur Zeit wahrscheinlich nicht bauen, aber wenn du mich fragst, was ich mir wirklich wünsche, so bleibt es beim Bogen.

Über Holz

Ich arbeite gerade an einem Entwurf für zwei Häuser. Sie sind innen und außen aus Holz. Ich mag Holz, ich finde Holz wundervoll, es ist sehr biegsam und überhaupt ein schönes Material. Es wirkt warm und freundlich. Holz ist nicht wie Putz, der sich beliebig über eine Oberfläche streichen läßt. Es ist sehr genau.

Über den Kamin

Der Kamin spielt eine wichtige Rolle in meinen Häusern. Mir scheint, er steht für die Anwesenheit eines Menschen und verkörpert deswegen das Zuhause. Ich entwerfe gerade einen Kamin, der wie ein kleines Haus ist, etwas Massiges, das dahockt und seine ganz und gar eigene Architektur hat. Und das übrige Haus rankt sich irgendwie drum herum. Er ist aus Stein, aus ziemlich großen Kalksteinblöcken. Es scheint, als sei der Kaminraum von draußen ins Innere des Hauses versetzt worden. Wunderbar – man kann hineingehen und allein sein.

Über die Straße

Die Straße ist ein Gemeinschaftsraum; die Gebäude sind ihre Wände, der Himmel ihre Decke; sie ist wirklich ein Raum.
Und es ließe sich sogar sagen: daß der Treffpunkt oder die Begegnungsstätte sich eigentlich aus der Bedeutung der Straße ableiten. Es hat etwas mit dem Grundbedürfnis nach menschlichem Einvernehmen zu tun. Wir wollen die schöpferische Kraft dieses Einvernehmens spüren. Es ist eine Quelle der Inspiration für alles Kreative. Selbst einer Straße, deren Bewohner man nicht kennt, merkt man dieses Gefühl der Gemeinsamkeit an. Und diese Gemeinsamkeit ist eine Kraft, die Beziehungen erst ermöglicht. Die meisten Städte haben heute keine kleinen Straßen mehr. Sie haben große Durchgangsstraßen, die jede Straßenqualität auslöschen. Und wenn man in Städten auf kleine

Straßen trifft, die als Sackgassen enden, sehen sie noch immer wie Gemeinschaftsräume aus. Die Straßen aber, die über weite Strecken immer geradeaus laufen, haben diesen Raum-Charakter ganz verloren. Wir sollten die Straße im Sinne der Menschen in unseren Städten neu definieren. Straßen müssen den Wohnbereichen, den Einkaufsbereichen als Kommunikationsräume dienen. Sie sind Treffpunkt in einer wirklichen Stadt. Verkehrswege sind keine Straßen. Die Stadtplanung könnte diese Unterschiede deutlich machen, indem sie neue Überlegungen zur Verkehrsordnung anstellt.

„An Architect Speaks His Mind", Nachdruck aus *House and Garden*, Band 142, Nr. 4, Oktober 1972, S. 124 ff. Mit Genehmigung von *House and Garden*, Copyright 1972 by The Conde Nast Publications, Inc.

1972
Wie mache ich mich, Corbusier?

Ein Interview mit Patricia McLaughlin

McLaughlin: Vielleicht könnten Sie damit beginnen, mir zu sagen, was Architektur für Sie ist?

L. Kahn: So wie Sie sie stellen, ist das eine schwierige Frage. So als fragten Sie einen Zahnarzt, was seine Arbeit für ihn bedeutet. Also wie ich die Architektur sehe – ich sehe sie jeden Tag anders.

McLaughlin: Immerhin ist es interessant, daß der Zahnarzt vermutlich eine andere Ansicht von Ihrem Mund hat als Sie selbst...

L. Kahn lacht: Ja, er scheint an ihm interessiert zu sein... Also, ich hätte Maler werden sollen, ich habe bereits mit acht Jahren Preise im Zeichnen gewonnen. In meinem letzten Jahr auf der High-School nahm jeder an, daß ich Maler werden würde. Ich zeichne, seit ich drei Jahre alt bin, und man fand die Zeichnungen vielversprechend – nicht irgendwie hervorstechend, weil ja ein Dreijähriger noch nicht zeigen kann, ob er wirklich Talent hat.
Auf der High-School hatte ich einen Kunstlehrer, Mr. William S. Gray – ein großer, blendend aussehender Mann mit einem graublonden Spitzbart – ich weiß gar nicht, ob Sie das alles hören wollen – ich wollte eigentlich nur sagen, daß er mich immer ermutigt hat...
Nein, schreiben Sie das nicht, schreiben Sie lieber: Er hielt einen Kurs über Architektur und machte uns mit der Baukunst der Gotik und der Renaissance, mit griechischer und römischer Architektur bekannt.
Wir brauchten seine Dia-Vorträge nur ein halbes Jahr lang anzuhören. Er gab uns auf, fünf Zeichnungen anzufertigen. Diese fünf Zeichnungen sollten Kopien von Bildtafeln sein, die schon vorbereitet waren. Die meisten Schüler kämpften sich durch diese Zeichnungen durch – wir mußten sie alle anfertigen – sie waren unfähig, diese Tafeln nachzuzeichnen, und ich fand Möglichkeiten, ihnen zu helfen und ihre Zeichnungen so zu verfremden, daß niemand behaupten konnte, ich hätte sie gezeichnet. Das sagt nichts besonders Gutes über meinen Charakter aus – oder? Aber so war es. Ich habe sie dann zu guter Letzt mit Tintenklecksen und anderen Fehlern versehen... Ich versuchte – wie sagt man? – ja, ich versuchte, „die Spur zu verwischen", so daß niemand erfahren konnte, wer sie angefertigt hatte... Es war wirklich nicht ganz einfach, sie so zu machen... Aber das ist alles nur eine kleine Erinnerung... etwas, was einem im Gedächtnis bleibt.

McLaughlin: Waren es an sich schwierige Zeichnungen, oder war es nur schwierig, sie zu „verfremden"?

L. Kahn: Nun ja, sie waren schwer anzufertigen – für alle. Ich bin sicher, daß auch meine eigenen Zeichnungen voller Fehler waren. Aber eben diese Auseinandersetzungen und Gespräche bewirkten, daß mein Wunsch, mein wirklich starkes Verlangen, Maler zu werden, verblaßte. Die Architektur traf mich direkt ins Herz – drücken wir es einmal so aus.
Es war... es war die Entdeckung einer natürlichen Neigung, verstehen Sie, des Wunsches, fähig zu sein... nein, nein, nicht fähig, ich hatte noch keine Fähigkeiten damals... Ich war betroffen von dem, was diese Kunst bietet... einer Kunst, in der man herumgehen und in der man sich aufhalten kann, herumgehen und sich aufhalten kann. Und das in Lebensgröße.

McLaughlin: Meinen Sie das in dem Sinn, daß Architektur ein Angebot, ein Geschenk für die Menschen ist?

L. Kahn: Ja, eben in diesem Sinne, daß sie... Jedes Kunstwerk ist ein Geschenk, jedes Werk. Verstehen Sie – heute würde ich sagen, daß die größte Leistung eines Künstlers seine Nähe zu dem Gemeinsamen – ist, sein Gespür für das Unvergängliche im menschlichen Wesen, für das Noch-nicht-Gesagte, das Noch-nicht-Gemachte – verstehen Sie?, daß er auf das Beispiellose reagiert und, wenn auch nicht sofort, so doch am Ende, einen neuen Weg findet – um auf diese aufs neue offenbar gewordenen, unvergänglichen Werte zu antworten. Dies ist vielleicht kein vollständiger Satz, aber der Gedanke ist klar.
Das größte Geschenk, das höchste Gut, der wunderbarste Anteil im Werk eines Künstlers, gehört nicht wirklich ihm selbst. Er ist ein Katalysator für diese unvergänglichen Werte, und er kann nur seine eigene Interpretation für sich beanspruchen.
Picasso eröffnete neue Sehweisen. Seine Bilder gehören ihm, aber diese Sehweisen nicht. Das Dingliche gehört ihm, aber diese Wege und Sehweisen nicht. Das ist es ja, was wir unter einem Katalysator verstehen. Es war da, er spürte es. Es sind eben diese Qualitäten, die die Maler nach ihm – oder neben ihm, sagen wir es mal so – als Befreiung ihrer eigenen Begabung erkennen. Eben darum hat Picasso so viele Anhänger. Aber wenn sie ihn nachahmen, sind sie niemand – verstehen Sie?
Wie Mozart zu komponieren bedeutet gar nichts, nicht wahr? Aber beeinflußt zu sein von Mozarts unvergänglichem Wert – das ist wie

ein Samen, der im wahren Künstler wächst. Unter dem Einfluß von Mozarts unvergänglichem Wert zu stehen heißt, zum wahren Künstler berufen zu sein.
Architektur habe ich an den großen Beispielen erkannt – das stimmt. Aber heute weiß ich – eben weil ich jene Beispiele nach so vielen Jahren immer noch als den wirksamsten Einfluß erkenne, sagen wir, als die wirksamste Spiegelung – eines kraftvollen Gemeinsamen... eines Wahrseins – denken Sie daran, Wahrseins – das Wort hab' ich erfunden – was sollen... weil sie etwas sind, das mit menschlichen Tatsachen zu tun hat – nicht mit den aus den Naturgesetzen abgeleiteten – nicht mit Tatsachen, die aus der Ordnung der Natur kommen – sondern eben mit menschlichen Tatsachen.
Darf ich nur eben schnell eine Bemerkung machen? Ich glaube, daß Wahrheit alles ist, was geschieht, ob man es mag oder nicht. Wahrheit ist ein Wert, der sich nicht messen läßt; Tatsachen, die sich auf Naturphänomene beziehen, lassen sich messen.
Wahrheit können wir nicht suchen. Wahrheit wird uns enthüllt durch... durch den Verlauf unseres Lebens – ich weiß nicht, ob Ihnen das einleuchtet? Man erkennt die Wahrheit nur, indem man lebt. Man kann sie nicht suchen. Sie wird uns immer neu enthüllt. Sie läßt sich nicht festhalten, indem man sie aufschreibt, weil das gleiche Ereignis immer wieder ganz verschieden wiedergegeben wird, sich auf verschiedene Weise spiegelt und verschiedene Deutungen zuläßt. – Die Wahrheit – das ist in Wirklichkeit die jedem eigene Wahrheit, die ganz persönliche Wahrheit.
Ich denke in gleicher Weise über Kenntnis und Wissen...

McLaughlin: ...in gleicher Weise wie über die Wahrheit?

L. Kahn: Ja. Sie haben einen sehr folgerichtigen Verstand. Sie können das vorher Gesagte mit dem zusammenfügen, was später gesagt wird. Ich kann das nicht. Ich denke eher kryptisch, nicht auf Ihre Weise. Sie helfen mir sehr, indem Sie diese Frage stellen. Ich neige dazu, von Dingen zu reden, die nicht unmittelbar da sind, sondern die irgendwo weit zurückliegen (und ich meine, es hätte dennoch Kontinuität!), und es ist daher schwierig, mir zu folgen.
Der Unterschied zwischen Kenntnis und Wissen, ja, Kenntnis und Wissen – Wenn ein Mensch Kenntnis erwirbt, wird sie zu seiner persönlichen Kenntnis. So wie diese Person sie aufnimmt, kann sie weitergegeben werden... oder vielmehr, sobald Kenntnis persönlich wird, liegt ihre größte Bedeutung darin, wie diese persönliche Erfahrung an andere weitergegeben wird. Stimmt's? Was man sich als

~~I think of it~~
~~I feel had kinship~~
~~what I feel~~
~~One feels~~
~~Reflecting~~
~~As an Architect I~~

That moment when the eyes opened 'Beauty', the 'Light'.
Could it ~~have been~~ so if Joy had not inspired sight?
Joy the medium ~~of creation~~ ~~unfolding creation~~ creation our infinite ~~trials?~~ pulses from ~~touch~~ to sight. ~~What a beautiful moment~~ in the was, is and will be
simple ~~the realization of Beau~~ 'the birth of Beauty' ~~feel~~ free of
knowledge free of choice just the ~~sense~~ sense of the prevailing
harmony at once felt. ~~And Art is the word.~~
Art — the first word. xx

inspired   presents it possible
~~Art to~~ at threshold where nature ~~meets~~ ~~needs~~ and joy in creation
A response to the joy of creation desiring to be to express

miracles of around us, veils the
knowing ~~fades~~ ~~miracle~~ miracle. The miracle is blazing
~~cast a shadow~~

Aus den Notizbüchern von Louis I. Kahn.
„Ich überarbeite die Formulierungen immer wieder, nicht, damit es wie ein Orakel klingt, sondern um mich immer präziser, mit weniger Wörtern, auszudrücken. Es mag dann manchmal wie Poesie erscheinen, aber das ist wirklich nicht meine Absicht."

When sight became
~~With~~ Beauty
Prevailing harmony at once felt
Yet not Knowledge yet not choice
what could have preceded
Joy ~~try~~
The Inspiration to see.
Then Joy feels Beauty
Art ~~Art~~
The first word.

Art is a work.
a response to the desire to be to express
a response to the ~~odyssey~~ of our becoming
Recorded in the intuitive
From beauty to wonder to realization
~~To Realization~~ of Existence that wants to be
~~rom existence~~ to Presence ~~a work~~
~~a~~ A work
From Nature's inspiration of to be to be

The nearer a work to Begining the more Transcendent.
~~The~~
The incredible ~~the breathing~~
of the unmeasurable
the in touchness with eternity

most
universal

Kenntnis aneignet, wird zur eigenen Kenntnis, und wie man sie deutlich macht, das ist die Art, wie sich die eigene Besonderheit auf andere übertragen läßt.

Kenntnis kommt aus der eigenen Einstellung... oder vielleicht nicht Einstellung, vielleicht trifft es das nicht, aber eine Einstellung ist in der Tat auch eine Besonderheit – man nimmt einen bestimmten Standpunkt ein, weil man so ist, wie man ist. Man wird von einer bestimmten Einstellung angezogen, und das – diese Besonderheit der Einstellung – macht zum Beispiel den Lehrer aus. Der Lehrer ist ein Lehrer von Anfang an, er wird es nicht erst durch die Vermittlung von Kenntnissen. Was bereits gedruckt und erreichbar ist, läßt sich ohne Hilfe irgendeines anderen erlangen. Es steht zur Verfügung. Aber es ist von unermeßlichem Wert, wie sich das Besondere zu erkennen gibt, verstehen Sie, wie es uns vor Augen geführt wird. Denn das Besondere ist das Einzigartige, weil jede Besonderheit einzigartig ist – ja? Jeder Mensch ist anders, und wenn man das allmählich erkennt, wenn man fähig ist, diese Aura – die Aura der persönlichen Besonderheit, sagen wir es mal so – auf andere zu übertragen und so deren Besonderheit zu stimulieren, macht es einem wiederum die eigene Besonderheit bewußt – wie es das Vertrauen des anderen in seine Besonderheit bestärkt. Und das ist der eigentliche Wert des Ganzen.

Ein Lehrer kämpft in gewisser Weise gegen spezifische Kenntnisse, weil er weiß, wie schnell sie sich verändern können, wie sehr sie sich allein sogar in ihm verändert haben. Sauerstoff ist für einen Wissenschaftler etwas Besonderes; selbst Sauerstoff ist also nicht das gleiche für den oder den anderen.

Kenntnisse sind und bleiben unvollständig; Kenntnisse sind Teil eines unabgeschlossenen Buches, das immer dicker wird, immer mehr Seiten hat. Und auf der Suche nach der Gesamtordnung sammeln sich immer mehr Seiten an, wird es immer dicker. Die Naturgesetze werden exzerpiert – als Bruchstücke von Ordnung. Und der bemühte Verstand setzt diese Bruchstücke immer in Beziehung zu seinen eigenen Spekulationen über das, was Ordnung ist.

Das alles hört sich nicht sehr nach einem persönlichen Interview an. Aber Sie haben mich gefragt, was ich unter Architektur verstehe: Eben das ist in den Bemerkungen, in den Gedanken enthalten, die Sie notiert haben. Ich kann darauf nicht antworten, als handele es sich nur um ein fachliches Problem. Wenn ich mir bei der Arbeit immer meines Fachs, meiner Profession bewußt wäre, würde ich mich vielleicht allmählich damit zufriedengeben, daß dieses Fachwissen mich aufrecht hält. Ich würde mich darauf verlassen – wenn ich wirklich völlig von diesem Gefühl durchdrungen wäre, vom Fach aus Architekt zu sein. Hingegen denke ich nicht über dieses alles nach, sondern darüber, was bei mir den Anfang auslöste... was in mir – damals – so selbstverständlich auf Mr. Grays Gedanken antwortete, was sie bei mir in Gang setzten.

Ich glaube so sehr an die Kraft des Anfangs... des Beginnens. Ich liebe englische Geschichte, ich habe viele Bände über englische Geschichte. Ich muß gestehen, ich blättere sie nur – von vorn bis hinten – durch, all diese Bücher, lasse mich nie tiefer auf sie ein... Aber das erste Kapitel lese ich immer sehr gründlich, und immer wieder, wenn ich das Buch aufschlage, komme ich auf dieses erste Kapitel zurück und lese es aufmerksam und finde, da mein Gedächtnis so schlecht ist, immer wieder Neues darin.

Ich weiß, was das bedeutet: es ist mein Wunsch, mir den Band Null vorzustellen, den Band Minus Eins. Es ist eine Suche nach dem Sinn des Anfangs, denn ich weiß... daß der Anfang... eine ewige Bestätigung ist. Ich sage „ewig" und möchte es von, sagen wir, „universell" unterscheiden. Universelle Beschäftigung mit den Naturgesetzen und *ewige* Beschäftigung mit dem Wesen des Menschen. Kein Anfang ist möglich, wenn das Wesen des Menschen nicht zustimmt. Der Anfang legt offen, was dem Menschen wesentlich ist – sonst würde er nie stattfinden. Was ein Mensch als humanes Wesen – im Gegensatz zum Menschen als bloße Spezies – für gut hält, entspricht der menschlichen Natur insgesamt. Ich würde also sagen: der Anfang entspricht der Natur aller menschlichen Wesen. Der Anfang legt die Natur des menschlichen Wesens offen. Stimmt's?

Man könnte sagen, daß die erste Schule die Bestätigung eines Verlangens in uns war und daß dieses Verlangen durch einen glücklichen Umstand enthüllt wurde. Dieser Umstand verlockte den Menschen, sich einzulassen. Ich habe es so formuliert: Ein Mann saß einmal unter einem Baum – er wußte nicht, daß er ein Lehrer war – und sprach mit ein paar kleinen Kindern, die nicht wußten, daß sie Schüler waren. Sie waren einverstanden miteinander, und der erste Klassenraum entstand. Es war der Anfang der „Schule".

Ich habe dieses Beispiel häufig verwendet, und ich kann es nicht ausstehen, wenn darüber geschrieben wird. Vielleicht können Sie es besser. Es hört sich immer wie ein Zitat an, und das sollte es wirklich nicht – verstehen Sie es, und schreiben Sie es als etwas, das Sie verstanden haben. Das wäre besser als ein Zitat. Ich bin oft schwer verständlich, weil ich Bilder im Sinn habe, nicht einmal vollständige Beispiele, auch nicht Teile meiner Erfahrung, eher ein Gespür, eine Ahnung...

McLaughlin: Waren Sie sich dieser Denkweise immer bewußt?

L. Kahn: Ja.

McLaughlin: Hat sie sich aus dem Nachdenken über den Raum ergeben?

L. Kahn: Nein, umgekehrt, der Raum entwickelte sich daraus. Der Raum kommt aus meiner Vorliebe für diese Denkweise... Es ging nicht um Raum, denn Raum würde nichts bedeuten, nur ein Wort, das ständig wiederholt wird. Raum wird oft in einer Weise verwendet, in der ich ihn nie verwendet habe, über Raum wird oft gesprochen, wie ich es nie täte, wie man behauptet. Ich habe Leute über „Raum" sprechen hören, und sie schienen mir völlig im Irrtum zu sein. Wir werden nie wissen, was Raum ist...
Ich denke, es muß so etwas wie eine Vorbereitung, eine ewige Vorbereitung oder ein bestimmtes Verhalten oder eine Neigung geben, die man als Talent bezeichnen könnte – als natürliches Talent – es klingt so schrecklich erhaben, wenn man von einem natürlichen Talent spricht und sich selbst eines natürlichen Talents bezichtigt. Ich möchte keinesfalls, daß dies weitergegeben wird. Es wäre falsch ausgedrückt. Es wäre richtiger zu sagen, die Neigung, die eigene Neigung führt zum Talent... die Besonderheit fördert es zutage, setzt es in Gang. Und jeder hat eine Besonderheit, ist einzigartig, und das muß gesagt werden.
Daher glaube ich an Schulen mit Naturtalenten – wo man eben nicht nur das lehrt, von dem irgend jemand denkt, es sei gut für alle! Es ist nicht gut für alle, denn wir lernen nichts, was nicht Teil unserer selbst ist. Man nimmt es nicht auf, es wird nicht unmittelbar zu unserem eigenen Werkzeug, weil es das Werkzeug eines anderen ist.
So jemand wie ich zum Beispiel sollte Physik lernen, indem er dem Unterricht zuhört, aber man sollte ihn nicht prüfen. Das ist gut für die Physiker, die künftigen Physiker. Aber zuhören muß ich, weil in dieser wunderbaren Wissenschaft der Samen für so vieles liegt. Es ist wichtig zuzuhören, weil in der Physik die Anfänge so vieler ursprünglicher Kräfte des Menschen liegen.
Aber das heißt nicht, daß man damit die Grundlagen, die Bedeutungen... die Bedeutungen und Botschaften... eines so erstaunlichen Gegenstandes wie der Physik schon kennt. Das ist Sache dessen, der solche natürlichen Neigungen hat; schon nach den ersten beiden Gesprächen wird er zum Konkurrenten des Lehrers, eben weil er von Natur aus Physiker ist. Jemand, der diesen Kurs nur belegt, weil es

verlangt wird, ist ein Verlierer: er kann nur hinzugewinnen, was Teil seiner selbst ist, nur das, alles übrige ist ganz vergebens.
Ich meine, daß Universitäten viel zu gewinnen hätten, wenn sie jedem einzelnen die Freiheit ließen, selbst auszuwählen, was er lernen will. Wenn ihm diese Freiheit gewährt würde und er nicht bewertet würde; …wenn ihm erlaubt wäre, sich auf jedes Gebiet zu begeben, über das er meint, etwas wissen zu wollen – das wäre eine gute Atmosphäre für diesen großen freien Bereich des Geistes, den man Universität nennt. Verstehen Sie, was ich sagen will? Ich möchte gern, daß Sie dies ganz genau verstehen, es könnte auch für andere von Bedeutung sein.
Und so habe ich die Kurse in Physik besucht, ohne Notizen zu machen, bedenken Sie; denn das ist nur ablenkend für jemanden, der nicht das Ohr für diese Sache hat. Der keine Vorliebe dafür hat…

McLaughlin: Ja, ich finde auch, daß ich, wenn ich etwas notiere, warten muß, bis ich es aufgeschrieben habe, ehe ich darüber nachdenken kann, ob ich es auch wirklich verstanden habe.

L. Kahn: Das ist eine große Einsicht… Verstehen Sie, ich mag Physik, aber wenn ich mit dem Gedanken zuhören müßte, Notizen zu machen und später geprüft zu werden, verstehe ich nicht mehr, was gesagt wird, wüßte ich nicht mehr, was ich in mein Notizbuch geschrieben habe, und ich würde nicht einmal mehr die Frage verstehen, die dann gestellt wird. Ich müßte sogar die Notizen eines Freundes abschreiben, der neben mir sitzt und alles zu verstehen scheint, was gesagt wird, dem es gelingt, sich Notizen zu machen, damit er sich an das Gesagte erinnern konnte, und so einer besteht sein Examen glänzend… Bis zum heutigen Tag hat dieser Freund, wie ich feststelle, immer noch die gleiche Art von Verstand.
Zwischen Verstand und Geist besteht ein Unterschied. Der Verstand ist ein Instrument, aber der Geist ist die Seele des Verstandes. Und eben darin liegt der Unterschied.

McLaughlin: Haben Sie das Gefühl, daß Sie als kleines Kind Dinge lernen mußten, die nicht Teil Ihrer selbst waren?

L. Kahn: Ja, immerzu. Aber es gibt kein Fach, mit dem ich damals Schwierigkeiten hatte, das ich nicht heute liebe. Ich liebe sie wirklich – ich liebe die Mathematik, ich liebe Physik, ich bin von allen Möglichkeiten zu lernen fasziniert.
Aber ich kann nicht sagen, daß ich mich an irgendein Fach ganz besonders deutlich erinnere, und keinesfalls dürfte man mir zubilligen,

diese Fächer zu lehren. Nur eins habe ich aufgenommen, würde ich sagen, eine Art Aura dieser Wissensbereiche, ohne daß ich irgend etwas – etwas Spezifisches – darüber weiß. Wenn man fragen würde, was das nun eigentlich bedeutet, müßte ich an die Sache in ihrer Ganzheit denken, aber mir fiele nichts Spezifisches ein. Und eben weil ich nicht in mich aufnehmen kann, was nicht Teil meiner selbst ist, weil die Empfänglichkeit dafür nicht zu mir gehört, geht schließlich alles verloren. Ich muß darüber nachdenken, wie es sich anders ausdrücken läßt...

Mit anderen Worten: Wenn mir ein Physiklehrer sagen würde: „Nun, Louis Kahn, wir sind der Ansicht, Sie sollten etwas von der Physik wissen. Aber Sie brauchen keine Notizen zu machen, sondern nur zuzuhören. Sie werden geprüft werden, aber ich möchte, daß Sie als Antwort Physik für mich zeichnen." Wenn ich also zeigen sollte, wie ich sie sehe, in Form einer Zeichnung, dann wäre mir das ganz selbstverständlich – von Anfang an und nach all den Preisen, die ich Jahr für Jahr fürs Zeichnen erhielt. Es war die mir natürliche Art und Weise, etwas auszudrücken. Ich glaube, ich würde meinen Lehrer mit meinen Interpretationen in Staunen versetzt haben – sie hätten natürlich nicht direkt etwas mit Physik zu tun gehabt. Mein Geist wäre frei gewesen, man hätte ihn als das, was er ist, gelten lassen, und ich hätte mich selbst wie meinen Lehrer mit dem, was dabei herausgekommen wäre, überraschen können.

Von dieser Freiheit spreche ich, dieser Freiheit, die, wie ich denke, voller Glück wäre. Ich glaube, daß ein Mensch, der eine starke Neigung verspürt, schön zu tanzen, jede Gelegenheit haben sollte, dieses Talent auszuüben. Seine Entwicklung wäre verblüffend – unbehindert eben, und daher verblüffend. Er würde sich schließlich Latein selbst beibringen, denke ich mir, um seiner Begabung größere Ausdruckskraft zu verleihen.

Verstehen Sie? Heute lese ich zum Beispiel Bücher über Physik, und wenn ich sie jetzt lese, weiß ich viel mehr (als früher), weil ich mit physikalischen Phänomenen umgehe.

McLaughlin: Wollen Sie damit sagen, daß der Tänzer – wenn man ihm jede Gelegenheit gibt zu tanzen – andere Vorstellungen entwickeln wird?

L. Kahn: Ja, um seine Ausdrucksmittel anzureichern. Ich halte das für absolut richtig. Mir geht es immer so. Ich lese Lyrik, ich lese alles, was mir einmal schwierig erschien; ich lese jetzt über alles, durch das ich in der High-School und auf dem College hindurch mußte, ich denke über all die Examen nach, die ich bestehen mußte, aber nichts wurde mir so dargeboten, daß ich es aufnehmen konnte. Hätte man mir mehr Zeichnen, mehr Philosophie angeboten, Fächer, für die ich eine große Neigung hatte...

McLaughlin: Sie hatten eine „Neigung" zur Philosophie?

L. Kahn: Nein, das würde ich so nicht sagen, weil ich ja nicht wußte, was das war, und ich weiß das auch heute noch nicht... Ich glaube jedenfalls nicht, daß es wirklich ein „Fach" ist, ich denke auch da wieder, daß es etwas ist, das man nicht beherrschen kann. Aber man kann durch die Art, wie die Philosophie einen strukturiert, beeinflußt werden.

Man ist kein Philosoph, wenn man Philosophie gelesen hat, nicht im mindesten. Ich denke, man ist ein Philosoph, wenn man eben von Natur einer ist. Und selbst wenn jemand Philosophie als Hauptfach studiert, so bedeutet das noch gar nichts – ebensowenig oder soviel wie die Tausende von philosophischen Doktorarbeiten. Wobei mir der Titel wirklich falsch erscheint. Es ist falsch, jemandem den Doktortitel zu verleihen, nur weil er durch die ganze Mühle gedreht worden ist. Ich glaube, daß derjenige, der auf diesen Titel aus ist – sozusagen als Gütesiegel in den Augen derer, die auf dem Markt die Jobs verteilen –, sich in der Tat auf dem Warenmarkt befindet. Wenn Sie einen Dr.phil. haben, bekommen Sie einen besseren Job oder die Lehrerlaubnis. Das ist meiner Ansicht nach eine Markt-Idee, die von den Universitäten nicht gefördert werden sollte.

Mit großem Respekt habe ich vernommen, daß die Musikfakultät der University of Pennsylvania die philosophische Doktorarbeit abgeschafft hat. Denn wie sehr weise und wahrhaftig ist ein Geist, der das Konkurrenzgehabe auf den Universitäten erkennt, der spürt, daß Kunst, daß Philosophie... daß ein Doktor der Philosophie in den Künsten einfach eine grobe Lüge ist. Er hat da nichts zu suchen. Oder – vielleicht sollte ich nicht sagen „grobe Lüge", sondern sagen, was es wirklich ist: Wichtigtuerei. Kann man es so formulieren? Es ist Wichtigtuerei.

Übrigens lügt jeder auf die eine oder andere Weise. Es ist kein sehr guter Ausdruck. Lügen schützen uns oft. Es ist etwas ganz Mystisches um die Lüge – sie kann ausdrücken, was man sich wünscht, und nicht das, was wirklich geschieht. Verstehen Sie, dies ist etwas ganz Wunderbares. Ich finde also, „Lüge" ist kein zutreffender Begriff.

Ich weiß nicht, warum Sie das alles aufschreiben, es ist doch nur eine persönliche Feststellung.

McLaughlin: Ja, aber eine gute Idee.

L. Kahn: In diesem Sinne lüge ich häufig – und das nur, weil ich so verdammt viel Märchenhaftes in mir habe. Ich verliere das nie aus dem Blick. Und ich glaube, Wünsche und Märchen sind der Anfang der Wissenschaft. Ich denke mir, wenn ich meine Arbeit gegen etwas eintauschen sollte, das in mir gleich stark ist – ebenso zwingend ist (zwingend ist besser als stark, stark ist eine Selbstbewertung, und das ist keine gute Idee, es ist nicht gut, darüber zu schreiben – übrigens, alles was Sie schreiben könnten, das den Anschein erweckt, ich hätte mich auf ein Piedestal gestellt, ist mir verhaßt, aber zwingend ist etwas anderes, das bedeutet etwas, das einen vorwärts treibt)… – wenn ich also meine jetzige Arbeit gegen etwas anderes gleich Zwingendes austauschen sollte, wäre das, Verfasser neuer Märchen zu sein und dabei alles, was ich an Zeichentalent besitze, zu benutzen, um sie zu illustrieren. Vor kurzem habe ich eine Ausgabe von Dantes Divina Comedia erworben, die – bei der Nonsuch Press – auf Englisch und Italienisch – herausgekommen ist; aber das Großartige ist, daß sie von Botticelli illustriert ist. Was für ein Buch! Wunderbar! Und es ist so bescheiden – die Illustrationen sind reine Linie, nichts als Linie – eine zugleich sehr zarte und sehr kühne Linienführung; aber es sind immer Linien, zarteste und – wie soll ich es ausdrücken – kraftvollste Linien. Sie wirken wie eine Allegorie. Jede einzelne Figur hat – obgleich sie doch flach auf der Seite erscheint – Leben, besitzt ewiges Leben. Ich habe nur zwei oder drei der Illustrationen angeschaut, und ich beschloß sofort, ich mußte das Buch haben. Ich besitze es jetzt seit einem Jahr und ich habe noch nicht alle Illustrationen angesehen. Ich mache mich glauben, es seien nicht vierzig Bilder, sondern vierzig Millionen Bilder.
Diese Zeichnungen müssen einen tiefen Eindruck auf Blake, auf Flaxman gehabt haben. Ich zeige es Ihnen – kennen Sie Blakes Werk? – hier: viel steifer, dennoch muß da ein Einfluß stattgefunden haben. Das Schönste daran ist die Formstrenge, an die Botticelli sich hält – sehen Sie hier die Schattierung – das ist der Vordergrund, das der Hintergrund – es ist eine tradierte Formel, aber eine wunderbare. Süße und Sanftmut ist darin. Und natürlich Dante selbst – was für ein schöner Geist! Im letzten Gesang des „Paradieses"… sagt er „O Jungfrau – Mutter, Schwester deines Sohns…" – diese einfache Wendung könnte das ganze Neue Testament ersetzen – einfach Sanftmut, der Glaube an das, was der übliche strenge, ungemilderte Glaube nicht enthält. Es ist die Macht der Poesie, die sich der Worte zu entledigen sucht… eine unvergleichliche Verbin-

Aus den Notizbüchern von Louis I. Kahn

If Humans are in vreved

The art of building
The art of planning
The art of Business

immeasurable ———   measurable

societies   einstein   pret

The aura
feels in a flash
The aura of the   Existence
in separable parts
its nature
Then seeks the means   preusense
to tangible reality.

Form   Design
The nature of space

The room
The society of rooms.

city The center of availabilities Florence

meeting

dung mit Botticellis heller Lieblichkeit, seinem Gespür für primavera – ich sage das hier nur, weil es so ein schönes Wort ist... und es einen Hauch von Anfang enthält.
Das alles ist die Antwort auf Ihre Frage – eine ausschweifende Antwort – „Was ist für Sie Architektur?" Für mich ist sie die Ahnung, der Ausdruck aller unvergänglichen Werte. Der Dichter, der Maler muß es ähnlich sehen. Und ebenso der Rechtsanwalt, der Arzt, der Ingenieur. Was also die eigene Arbeit angeht... jede sinnvolle Arbeit wird vom Künstler immer als eine Art Opfergabe betrachtet – eine Opfergabe an den Geist der Kunst. Architektur zum Beispiel ist keine physische Existenz, sie ist ganz eigentlich Geist. Sie stammt, vielleicht, von dem menschlichen Wesen her, das auf ihr erstes Auftreten, ihre erste Anwesenheit antwortet. Es gibt eine Existenz im Geist, ohne daß sie in Erscheinung tritt. Alles, was erscheint, muß sich an die Naturgesetze halten. Das aber, was dieses Erscheinen motiviert, braucht das nicht. Auch Architektur kann im Geist vorhanden sein und keine sichtbare Erscheinung haben. Weil alles, was geschaffen wird, durch die Natur geschaffen wird. Um erscheinen zu können, bedarf es der Naturgesetze, auch der eigene Körper ist ein Naturprodukt. Aber das, was alles in Gang setzt, ist es nicht. Der eigentliche Antrieb wohnt in dem, was die Natur schafft. Er wohnt in einem selbst und macht es möglich, daß man es durch das, was die Natur einem als Ausdrucksmittel anbietet, hindurch spürt. Ja?

McLaughlin: Ja...

L. Kahn: Und die Architektur entspringt dem Trieb, sich auszudrücken. Denn wir alle leben ja tatsächlich für diesen, wie ich glaube, einzigen Zweck: uns auszudrücken.

McLaughlin: Um dann das, was existiert, in Erscheinung treten zu lassen?

L. Kahn: Das, was existiert, gegenwärtig zu machen, ist das dringende Bedürfnis des Künstlers, des Machers. Aber es gilt für alle. Sogar wenn wir sprechen oder tanzen oder uns schön bewegen, geht es für uns alle immer um dieses Sichtbarwerden, um diesen Willen zum Ausdruck, selbst wenn es ein gewaltsamer Ausdruck ist.
Architektur ist also nicht präsent, aber sie existiert – verstehen Sie? Weil nämlich Architektur Geist ist, so wie die Malerei Geist ist.

McLaughlin: Sie meinen „Architektur" – als abstrakten Begriff?

Wie mache ich mich, Corbusier?

L. Kahn: Ja – als Ahnung, als Sichtbarwerden, als in Erscheinung – treten des Geistes. Nur ein Werk der Architektur ist gegenwärtig. Und das beste an dieser Gegenwart erscheint als eine Opfergabe, eine Opfergabe an die Architektur, und, möchte ich hinzufügen, eine Opfergabe voller Freude und Demütigung – nein, nicht Demütigung, sondern Demut... ich werfe leicht mit Worten herum und manchmal mit den falschen.
Ich habe früher einmal gesagt, das Eindrucksvollste am Werk eines Menschen sei, in welchem Maße er das, was er macht, nicht als sein Eigentum einfordert – inwieweit er aufgeben kann, was ja wirklich nicht ihm gehört. Und – auch das habe ich schon früher gesagt – es wird Jahrhunderte brauchen, um alle diese Möglichkeiten menschlicher Empfangsbereitschaft, menschlicher Reaktionen und Empfänglichkeit zu vollenden, nein, nicht zu vollenden, sondern fühlbar zu machen.
Der Künstler leidet nur insofern, als er seine eigenen Kräfte im Gemeinsamen aufgehen lassen muß. Er „leidet" bedeutet: er muß sich damit abfinden. „Leiden" ist ein altmodisches Wort...

McLaughlin: Meinen Sie, daß der Künstler – in der alten Bedeutung des Wortes „leiden, erleiden" passiv bleibt, daß er alles auf sich zukommen lassen muß?

L. Kahn: Nein, er ist nicht passiv, vielleicht ist leiden nicht das richtige Wort, wenn Sie passiv darunter verstehen – ich meine, „er muß sich zufriedengeben" – er kann allein seine erfinderische Ausdruckskraft für sich beanspruchen... sein Einfallsreichtum im Ausdruck, das ist sein eigenes Werk, und auch in welchem Maße er als Person mit seinem Werk identifiziert wird – lassen Sie es uns so formulieren. Das meine ich, wenn ich sage: Es hat keinen Sinn, wie Mozart zu komponieren, sondern es geht darum, durch Mozarts Werk „man selbst" zu werden – es ist diese Fähigkeit zum Gemeinsamen im Werk, was jemanden zu dem macht, was er ist. Ich habe es zwar schon zuvor gesagt, aber ich möchte es noch einmal wiederholen. Es hat etwas mit einer Geschichte zu tun, die ich über Mozart frei erfunden habe: In Mozarts Küche fällt eine Schüssel auf den Steinboden – die Küchenmädchen schreien erschreckt auf – ja? – und Mozart sagt: „Ah, welche Dissonanz!" Er entdeckte eine unvergängliche Eigentümlichkeit der Musik, etwas ganz Unzerstörbares, das zum Menschen und zu allen Musikern oder richtiger zur Musik gehört. Aber was er dann komponierte, indem er die Dissonanz verwendete, das gehört ihm.
So muß der Ingenieur immer Freyssinet im Kopf haben, ein sehr bedeutender Ingenieur...

Seiten 142/143:
Ein Blatt
aus den Notizbüchern
von Louis I. Kahn

What was has always been
what is has always been
what will be has always been.

his work ~~is of the confirm unseen~~
~~as~~ confirm ~~unseen of the~~ unmeasurable ~~qualities~~
~~the~~ ~~every~~ media ~~is to left unfolding their~~
Touches its limit)

~~As~~ Painter Sculptor ~~and~~ Craftsman and Tea
~~Creat~~ Roosevelt discovered the architect in
ideas unfolded — presented new approp
on all considerations of the design.

I wrote something about Art:

xx — xx

It is good ~~to say~~ ~~for~~ ~~will~~ the feelings of ev
~~to express~~
to want to express
if cannot be done ~~titled~~ How to express
his expressions if ~~detachable~~ felt dre

The continuum where all styles blend
th which a work of art evokes. In his hands
~~its limit~~ ~~by the chosen shapes~~ mass,
~~by his choice of shape~~ ~~his choice~~ ~~shapes~~, line and
                                                        color
by his pre classical inclinations
nd working with him on the memorial to
       many   my nuveau commission
his suggest ~~ideas~~ ~~of~~ ~~the~~ He sculpture as the
     and even ~~must be~~ more influenced the

~~   ~~

artist ~~   well the~~ ~~it~~ knowing
 it is ~~   ~~ ~~He lacks my~~ However
                  his way   a lot
~~ys to him~~ ~~but he expects~~ the motivations
elong to him. He ~~feels~~ yes what does not belong to him.

Viele Ingenieure verstehen etwas von solchen Dingen wie Spannung, Brückenbau, Hochbau, von ungewöhnlichen Konstruktionen, die der Natur sehr nahekommen. Es ist die Entdeckung der Naturkräfte, was den richtigen Ingenieur ausmacht.
Oder auch den Maler, könnten Sie sagen. Leonardo. Oder den Arzt – wen würden Sie als großen Arzt ansehen?

McLaughlin: Osler?

L. Kahn: Ja, das ist ein gutes Universitäts-Beispiel – jemand, der möglicherweise einen neuen Weg entdeckt hat – wie viele kleine Oslers sind wohl durch ihn entstanden?
Jeder Mensch trägt eine Gestalt in sich, mit der er, wie er glaubt, sich unterhalten kann. Ich sage oft zu mir selbst: „Wie mach' ich mich, Le Corbusier?" Le Corbusier, wissen Sie, war mein Lehrer. Paul Cret war mein Lehrer und Le Corbusier war mein Lehrer.
Und ich habe gelernt, es nicht so zu machen wie sie, nicht nachzuahmen – …sondern in ihrem Geist zu arbeiten, etwas aus ihrem Geist abzuleiten. Ich will nicht darüber reden, was ich aus ihnen abgeleitet habe, weil das weh tut; ableiten – das ist sehr stark, sehr kraftvoll… erfinden – was würde das heißen? Ableiten ist ein Verb und abgeleitet auch… Die englische Sprache ist nicht meine Sache.

McLaughlin: Sie haben darüber gesprochen, wie Sie bei Cret und Le Corbusier gelernt haben, nicht das zu machen, was die gemacht haben, sondern etwas aus ihrem Werk abzuleiten…

L. Kahn: Abzuleiten von – nein, abzuleiten ist nicht das richtige Wort – eher: ihren Geist zu spüren.

McLaughlin: Ich frage mich, ob Sie eine ganz besondere Fähigkeit besaßen, die Ihnen das ermöglicht… und ich frage mich auch, auf welche Weise Sie selbst es Ihren Studenten ermöglichen, das gleiche zu tun – Ihren Geist zu spüren?

L. Kahn: Ja – in der Arbeit mit den Studenten ist es immer wieder so… nein, das ist eine schreckliche Ausdrucksweise, so kategorisch – ich mache so viele Fehler, nein, man kann nicht sagen, daß es immer so ist. Die Arbeit mit den Studenten… ist nicht auf die Lösung von Problemen ausgerichtet. Zuallererst kommt es darauf an, das Wesen zu spüren… nicht das Wesen einer bestimmten Schule, sondern das Wesen von Schule, das Wesen eines Ortes…

Aber man weiß nicht, was das wirklich ist, wenn es nicht aus den Eingeweiden kommt – man kann es nicht wissen, ehe man es spürt, und dann erst kümmert man sich um das, was die anderen denken, daß es sein könnte.

Aber zunächst muß man es mit Hilfe des kraftvollen, des schönen Instruments der Intuition erspüren. Dieser Sinn für das Wahrhaftige gehört zu unserem Erbe, dem in uns eingebauten Erbe einer einfühlenden Erfahrung des eigenen Werdens, an dem alle Gesetze des Universums beteiligt waren und, könnte man sagen, auch das geistige Gespür für die Ahnung vom „Willen zu leben, um sich auszudrücken". Es ist die eigentliche Quelle für diese Entwicklung – könnte man sagen – „Odyssee" – die uns zu dem gemacht hat, was wir sind. Ich glaube, daß alles, was wir überhaupt lernen, ich meine, unser ganzer Wille zu lernen, dem Verlangen entspringt, uns zu erinnern, wie wir entstanden sind. Und das scheint mir, ist das intuitive Gespür. Ich denke, daß wenn wir dieses intuitive Gespür ins Spiel brächten...

Vielleicht klingt es pedantisch, wenn man das so sagt, so als versuche man, alle dazu zu bringen, der eigenen Überzeugung, wie gelernt werden sollte, zu folgen, und das ist nicht gut; das ist ja gerade die Schwierigkeit mit der Erziehung, daß sie ein System zu etablieren versucht, während es doch eine freie Gesellschaft des Lernens zu sein hätte, die sich von Tag zu Tag verändern sollte durch die Persönlichkeiten, die dabei sind, und durch die gegenseitige Befruchtung von *Eigenarten*. Natürlich will ich keineswegs die Kurse ausschließen, die den Verstand aktivieren... nun ja, vielleicht bin ich etwas vom Thema abgekommen.

Ich denke immer an diese freie Gesellschaft... Ich habe an Sie gedacht, die Sie frisch von der Universität kommen, und dachte über die Universität nach, von der ich so viel rede, weil ich sie mir als einen der schönsten Orte vorstelle, an dem man sein kann. Sie ist wirklich eine *primäre* Notwendigkeit im Leben.

Ich würde sagen, die drei größten Inspirationen des Menschen sind seine Fähigkeit zu lernen, sein Wunsch nach Begegnung, seine Sehnsucht nach Wohlergehen. Sie dienen alle wirklich dem Willen, sich auszudrücken. Und das, könnte man sagen, ist der eigentliche Grund zu leben – la raison d'être.

„How'm I doing, Corbusier", Nachdruck aus *The Pennsylvania Gazette*, Bd. 71, Nr. 3, Dezember 1972, S. 19–26; leicht gekürzt.

Kahn übersetzen

„So würden Sie also sagen", fragt Patricia McLaughlin den einundsiebzigjährigen Louis I. Kahn, „daß, obwohl Sie so hart daran arbeiten, die Dinge auszudrücken, sich kein Gleichgewicht einstellen will und das Unausgesprochene immer noch schwerer wiegt?"

„Das Wesen der Dinge auszudrücken" ist Kahns Wunsch, in seiner Architektur genauso wie in seinen Wörtern. In seiner Architektur kommt er ihm Schritt um Schritt näher, jeder Entwurf beantwortet seine grundsätzlichen Fragen um ein Gran besser als der vorhergehende und verringert die Entfernung zwischen dem, was Louis Kahn als die Erfüllung einer Aufgabe ansieht, und dem, was ihm gelungen ist zu tun. So sagt er, „ich würde mich niemals langweilen, den gleichen Auftrag wie den, den ich gerade ausgeführt habe, noch einmal zu erhalten. Ich würde deshalb kein Spezialist werden. Ein Spezialist ist etwas armseliges. Nein, es geht mir um die unausgefüllte Leere zwischen dem, was erfüllbar ist, und dem, was erfüllt werden kann. Ich fürchte, daß die größten Menschen in dem Gefühl gestorben sind, nichts erreicht zu haben, weil sie es an dem messen, was in ihnen noch ungesagt schlummert, was unausgedrückt geblieben ist."
Seine Architektur ist konkret, sie ist sichtbar, sie gibt der „wundervollen Verschlingung des Meßbaren mit dem Unmeßbaren, des Sichtbaren mit dem Unsichtbaren" Gestalt. Sie ist *realization* in dem doppelten Wortsinn, wie Kahn ihn gebraucht, Erkenntnis und Verwirklichung.
Anders ist es mit den Wörtern. Wenn seine Bauten Näherungen sind an das, was er als Wahrheit und Ganzheit empfindet, so sind seine Wörter nur dazu da, über diese, wie er meint, zugleich hoffnungsvollen und doch vergeblichen Näherungen sprachlich Zeugnis abzulegen.
Louis Kahn sagt, daß er Anfänge liebe, in denen die Hoffnung über die Vergeblichkeit dominiert; deshalb „sind es die Anfänge, die eine Kontinuität erst gewiß machen."
In diesem Satz stecken zwei Merkmale seiner gesprochenen und geschriebenen Texte. Er erklärt damit, warum alle seine Sätze voller Zögern sind, als ob er gerade erst im Begriff sei, sich dieser oder jener Frage zum ersten Mal mit Hilfe von Wörtern zu nähern; und er erklärt damit zugleich, daß es immer die gleichen Fragen sind, die ihn nicht loslassen.
Und so gibt es in den Texten, die von ihm mündlich oder schriftlich überliefert sind, unendliche Wiederholungen, nicht weil er neue Fragen gescheut hätte, sondern weil er die für ihn lebenswichtigen Fragen in sich noch immer unbeantwortet fand.

Fast vierzig Seiten lang sind seine „Gespräche mit Studenten", die am Anfang dieses Buches stehen und fast alle Themen berühren, die Kahn beschäftigen. Nach etwa zwanzig Seiten gibt es die erste Frage aus dem Kreis der Zuhörer. Bis dahin hat Kahn sich selbst Rede und Antwort gestanden, indem er ein alter ego namens Gabor einführt, einen ungarischen Studenten, von dem er behauptet, daß er alles, was gesagt wird, noch einmal laut wiederholt, um den Wörtern im einzelnen nachzuhören, ob sie durch Wortklang oder Wortstamm nicht schon eine Erklärung in sich bergen. Oder der eine schwierige Frage stellt, damit Kahn sie mit einer anderen schwierigen Frage konfrontiert, um eine Annäherung durch Interferenz zu erreichen. Oder durch Poesie. „Wie würden Sie diese Epoche beschreiben?" fragt Gabor. „Wie ist der Schatten von weißem Licht?" fragt Kahn zurück. Und beantwortet die Frage nach der Epoche mit der Zuversicht auf die immer wiederkehrenden Revolutionen, die in dem scheinbar weißen Licht und den schwarzen Schatten das eigentlich gelbe Licht mit seinen blauen Schatten wieder sichtbar machen.

Er läßt Gabor die Unterscheidung treffen zwischen „a *to place* and a *from place*", zwischen einem Ort, zu dem man hingeht, und einem Ort, von dem man herkommt, und damit hat er die große Ordnung der menschlichen Institutionen wie von selbst ins Gespräch gebracht. Und um Ordnung geht es ihm, immer. Er sagt es nur nicht so. Er ordnet anhand von Dualitäten. Auf jeden Fall sprachlich. Er bildet Begriffspaare. „Serving and served rooms" ist eine seiner sprachlichen Definitionen, aus der seinen Entwürfen eine wie selbstverständlich erscheinende Ordnung erwächst. Aus Räumen, die bedient werden, und Räumen, die dienen, setzt er eine Gesellschaft von Räumen zusammen, mit einer ihr eigenen Hierarchie, die sich wiederum bezieht auf den „sacred place", den heiligen Ort, auf den jedes Gebäude Anspruch hat und den für jedes Gebäude herauszufinden Kahn für den eigentlichen Zugang zum Entwurf hält. „Aus diesem Sinn für Ordnung und dem Gespür für den Traum kommt das, was wir tun", sagt Kahn. Er nennt es Programmierung, dieses nichts als gegeben anzunehmen, alles so zu bestimmen, als geschähe es zum allerersten Mal.

Die Übersetzung der gesammelten sprachlichen Äußerungen von Louis Kahn begann mit einer Auswahl. Die von Alessandra Latour herausgegebene amerikanische Originalausgabe enthält mehr als doppelt so viele Aufsätze, Reden und Gespräche, sie war um Vollständigkeit bemüht. Eine Übersetzung, in welche Sprache auch immer, hat keinen archivarischen Ehrgeiz. Nicht der Vollständigkeit, sondern der Verständlichkeit gilt das Bemühen. Deshalb wurden die Texte so zusammengestellt, daß sie einen Zeitraum von vierzig Jahren ausfüllen, damit der, der da redet, trotz der Auswahl als ganze Person erscheint; deshalb wurden zum anderen so unterschiedliche Beiträge wie möglich ausgewählt, um allzu häufige Wiederholungen zu vermeiden, obwohl diese zum Wesen jener Annäherung durch Wörter gehören, die Kahn praktiziert.

Wie aber macht man einen Architekten verständlich, der von sich selbst sagt, „ich bin sehr schwer zu verstehen; denn ich habe Bilder in meinem Kopf, nicht einmal vollständige Beispiele, nicht wirklich eigene Erfahrungen, nur so ein Gefühl ...", der in der Rede stockt und stottert, weil er mit Wörtern eben nicht beliebig umgehen kann, und der am Ende einer langen Argumentation für sich feststellt, „eins ist geschafft, alles andere ist noch offen".

Louis Kahn denkt und formuliert sich in Schlingen und Auslassungen. Der amerikanische Leser kann sich darin verlieren oder die Gedankenstränge für sich zurechtzurren und sie richtig oder falsch nutzen. Der Übersetzer aber muß den Schlingen und Auslassungen wenigstens eine grobe Verständlichkeit beigeben, damit sich der deutsche Leser überhaupt darauf einläßt. So wird das Übersetzen von Louis Kahn auch zu einer Form der Interpretation dessen, was man meint, aus den vielen Texten, in denen er sich selbst und seine zögerliche Vorgehensweise beschreibt, von ihm verstanden zu haben.

Manchmal ist die Übersetzung gezwungen, das Dunkel aufzuhellen, mit dem Kahn so selbstverständlich zurechtkommt, dann aber kann sie die schlafwandlerische Sicherheit, mit der er seine Aussagen umgibt, nicht wieder herstellen. Die List, und man darf es wohl List nennen, mit der Kahn seinen Gedankengang einfach unterbricht, aussetzt, um sich und seinem Gegenüber Zeit zu geben weiterzudenken, gleichgültig wohin, diese List, selbst wenn man sie erkennt, macht dem, der übersetzt, die Arbeit unendlich schwer. Soll er die losen Enden hängen lassen oder sprachlich vernähen, soll er Kahn genauso schlafwandlerisch folgen und sich sagen, der Leser wird sich schon einen Reim darauf machen oder auch nicht, oder soll er das, was Kahn im Ungefähr läßt, zu einem Punkt hinbringen, den eine andere Aussage nahelegt?

Keine der Möglichkeiten ist ganz richtig und keine ist ganz falsch, und an jeder Stelle mußten sich die Übersetzerinnen für eine der vielen Möglichkeiten entscheiden.

Dazu kommt: Louis Kahn denkt ehrerbietig. Deshalb wird bei ihm auch das Kleine ganz groß. Deshalb muß er für das Große die ganz großen Wörter benutzen. Deshalb ist er trotz aller verlangsamten Geschwindigkeit mit einem poetischen Sprung allzu schnell bei den letzten Dingen. Und das drängt einer Übersetzung ins Deutsche ungewollt ein

Pathos auf, das im Amerikanischen zwar angelegt ist, aber dort nicht so deutlich wird. Die Übersetzung versucht, trotz Genauigkeit, hie und da in der Wortwahl alltäglicher und einfacher zu werden, als Kahn es vorgibt. Auch das, um den Leser vor falschen Gefühlen zu bewahren.

Architektur ist für Louis Kahn etwas nicht Sichtbares, sie ist geistiges Gut. Nur die Werke der Architektur sind sichtbar, und er nennt sie deshalb eine Hommage, ein Angebot an den Geist der Architektur. Diese eigenwillige Interpretation des Wortes Architektur durchzieht alle Texte und mußte ab und zu aufgelöst werden, damit der Sinn des Ganzen erhalten blieb.
Lange haben wir, die Übersetzerinnen, die Herausgeberin, gezögert, ob der Artikel *Monumentality* im Deutschen wirklich mit Monumentalität überschrieben werden darf – und es dann doch getan. Obwohl das Wort im Deutschen viel zu viel Größe hat, und um Größe geht es Kahn gewißlich nicht. Er meint die Qualität, die einen Bau zum Monument, zu etwas Bedeutsamen, macht. Aber so genau sagt er es auch wieder nicht. Er spricht über die grenzenlosen Möglichkeiten moderner Konstruktion, die alles möglich machen, auch das Bedeutsame, und überläßt es dem Leser, die beiden Elemente, den Titel und den Text, zu einem Ganzen zusammenzulesen. Und macht es der Übersetzerin besonders schwer, die den logischen Zusammenhang sucht und für den Leser herstellen möchte, auf den Kahn verzichten kann.
Nun ist dies, den logischen Zusammenhang zu suchen und sich verständlich mitzuteilen, ein Anliegen dessen, der mit Wörtern umgeht. (Deren kunstvollen Gebrauch ausgenommen.)
Architekten, nicht nur Louis Kahn, haben „Bilder im Kopf", abstrakte Ordnungen, Vorstellungen, Vorbilder, Gefühle – dies alles zusammen. Sie können es aufzeichnen, sie können es anhand ihrer Zeichnung erklären, meist wiederum in sprachlichen Bildern, die dann beim Zuschauen und Zuhören eine Vorstellung und ein Gefühl auslösen. Schreiben im Sinne von Erklären können Architekten häufig nicht.
Louis Kahn setzt an die Stelle von Erklärungen oder sprachlichen Bildern seine sehr persönliche Anschauung von Welt. Diese trägt er in seinen Texten vor. Es ist dieselbe Anschauung von Welt, aus der heraus seine Entwürfe geboren sind, aber sie existiert neben den Entwürfen. Sie ist nicht deren Interpretation. Und sie ist schwerer zugänglich als seine Architektur, weil jeder seiner Entwürfe auf dem anderen aufbaut, ihn verfeinert, vervollkommnet; während seine Anschauung von Welt immer und von Anfang an auf das Ganze, das Meßbare und das Unmeßbare, das Sichtbare und das Unsichtbare, gerichtet ist und sich

in immer neuen Annäherungen an die eine, die endgültige Aussage über das Wesen der Dinge verstrickt.

Einer, der Architektur interpretiert, leistet auch immer Übersetzungsarbeit, von der Sprache der Architektur in die Sprache der Wörter. Im Falle dieses Buches war die Übersetzerarbeit doppelt zu leisten, vom Amerikanischen ins Deutsche, und vom sehr persönlichen Sprachgebrauch eines Architekten, („Englisch ist meine Sache nicht", schreibt Louis Kahn) in eine möglichst verständliche Sprache der Wörter.

Einmal sagt Louis Kahn: „Es ist etwas ganz Mystisches um die Lüge – sie kann ausdrücken, was man sich wünscht, und nicht das, was wirklich geschieht. Verstehen Sie, dies ist etwas ganz Wunderbares."

Wenn Kahn in diesem Sinn von Lüge spricht, meint er Wunschdenken. Wunschdenken ist auch ein Bestandteil von Interpretation – wenn man denjenigen bewundert, den man interpretiert.

Martina Düttmann

Ausgewähltes Schriftenverzeichnis

Im folgenden werden alle Artikel der amerikanischen Originalausgabe, aus der die hier vorliegenden Texte ausgewählt wurden, in der Reihenfolge ihres Erscheinens aufgelistet, dazu andere wichtige Schriften, Vorlesungen, Interviews und Buchveröffentlichungen.

1931 „Pencil Drawings", in *Architecture LXIII*, Nr.1, Januar 1931, S.15–17.
„The Value and Aim in Sketching", in *T-Square Club Journal I*, Nr.6, Mai 1930, S.4, 18–21.

1942 Howe, George, Louis I. Kahn und Oscar Stonorov, „Standards Versus Essential Space: Comment on Unit Plans for War Housing", in *Architectural Forum 76*, Nr.5, Mai 1942, S.307–311.

1943 Stonorov, Oscar und Louis I. Kahn, *Why City Planning is Your Responsibility*, Revere Copper and Brass, New York 1943.

1944 „Monumentality", in *Architecture and City Planning: A Symposium*, Philosophical Library, New York, 1944, S.77–88.
„War Plants After the War", in *Journal of the American Institute of Architects II*, Nr.2, August 1944, S.59–62.
You and Your Neighborhood...A Primer for Neighborhood Planning, Revere Copper and Brass, New York 1994.

1949 „A Dairy Farm", in *Beaux-Arts Institute of Design Bulletin XXV*, März 1949, S.2–5.

1953 „On the Responsibility of the Architect", *Perspecta 2*, 1953, S.45–47.
„Toward a Plan for Midtown Philadelphia", *Perspecta 2*, 1953, S.10–27.

1954 *Architecture and the University*, The School of Architecture, Princeton University, Princeton 1954.
„How to Develop New Methods of Construction", in *Architectural Forum*, November 1954, S.157.

1955 „A Synagogue: Adath Jeshurun of Philadelphia", in *Perspecta 3*, 1955, S.63–63.
„Order Is", in *Perspecta 3*, 1955, S.59.
„This Business of Architecture", *The Student Publication of the School of Architecture of Tulane University*, New Orleans, 1955.
„Two Houses", in *Perspecta 3*, 1955, S.60–61.

1956 „An Approach to Architectural Education", in *Pennsylvania Triangle 42*, Nr.3, Januar 1956, S.28–32.
„Space, Form and Use: A Library", in *Pennsylvania Triangle 43*, Nr.2, Dezember 1956, S.43–47.

1957 *A City Tower: A Concept of Natural Growth*, University Atlas Cement Company, United States Steel Corporation Publication Nr. ADUAC-707-57, 1957.
„Architecture is the Thoughtful Making of Spaces: The Continual Renewal of Architecture Comes from Changing Concepts of Space", in *Perspecta 4*, 1957, S.23.
„Order in Architecture", in *Perspecta 4*, 1957, S.58–65.
„Spaces, Order and Architecture", in *Royal Institute of Canada Journal 34*, Nr.10, Oktober 1957, S.375–77.
„The Entrance to a Theater", The Emerson Prize, Fall Term 1956–57, in *National Institute for Architectural Education Bulletin XXXIII*, Januar 1957, S.10–11.

Ausgewähltes Schriftenverzeichnis

1959 „Concluding Remarks to the CIAM Congress, Otterlo, 1969", in: Oscar Newmann, *New Frontiers in Architecture: CIAM in Otterlo 1959*, Universe Books, New York 1961.

1960 „Marin City Redevelopment", in *Progressive Architecture XLI*, Nr.11, November 1960, S.149–153.
„On Form and Design", Rede anläßlich der 46. Tagung der *Association of Collegiate Schools of Architecture* in der University of California, Berkeley, 22.–23. April 1960, nachgedruckt in *Journal of Architectural Education XV*, Nr.3, Herbst 1960.
„On Philosophical Horizons", in *American Institute of Architects Journal XXXIII*, Nr.6, Juni 1960, S.99–100.
„World Design Conference", Rede von Louis I. Kahn, nachgedruckt in *Industrial Design 7*, Juli 1960, S.46–49.

1961 „The Sixties: A P/A Symposium on the State of Architecture, Part I", in *Progressive Architecture*, Januar/März 1961.
„Louis I. Kahn", eine Diskussion, die im Februar 1961 in Kahns Büroräumen aufgezeichnet wurde, gedruckt in *Perspecta 7*, 1961, S.9–28.
„A Statement", in *Arts and Architecture 78*, Nr. 2, Februar 1961, S. 14–15, 28–30.
„Form and Design", in *Architectural Design XXXI*, Nr.4, April 1961, S.145–154.
„Wanting to Be: The Philadelphia School", Interview mit J.C. Rowan in *Progressive Architecture*, April 1961, S.130–149.
„Architecture – Fitting and Befitting", in *Architectural Forum 114*, Nr.3, Juni 1961, S.88.
„The Nature of Nature", in *Journal of Architectural Education XVI*, Nr.3, Herbst 1961, S.85–104.
„Order Is", in *Zodiac 8*, 1961, S.14–25.
„Design with the Automobile: The Animal World", Ausschnitte aus einem Interview mit H.P. Daniel Van Ginkel in *Canadian Art XIX*, Nr.1, Januar/Februar 1962, S.50–55.

1962 Dixon, Rose, „Coffee Break with Louis I. Kahn: A Very Modern Architect", in *The Philadelphia Sunday Bulletin Magazine* vom 28. Januar 1962, S.12.
„A Statement", Vortrag vor der International Design Conference 1962 in Aspen, Colorado, nachgedruckt in *Arts and Architecture 81*, Nr.5, Mai 1964, S.18–19, 33.
„The Architect and the Buildung", in *Bryn Mawr Alumnae Bulletin XLIII*, Nr.1, Sommer 1962.
Wurman, Richard Saul und Eugene Feldman, *The Notebooks and Drawings of Louis I. Kahn*, Falcon Press, Philadelphia 1962.

1963 „Ordine nel movimento", in *Edilizia Moderna 80*, September 1963, S.106–107.

1964 „Louis I. Kahn sull' architettura", Auszüge aus einer Rede vor der *International Design Conference* in Aspen, Colorado, in italienischer Sprache nachgedruckt in *L'Architettura X*, Nr.7, November 1964, S.480–481.
„Our Changing Environment", Rede vor dem *First World Congress of Craftsmen*, Juni 1964.
„Talks with Students", veröffentlicht in *Architecture at Rice 26*, 1969.

1965 „Remarks", in *Perspecta 9/10*, 1965, S.303–335.
„Structure and Form", in *Royal Architectural Institute of Canada Journal 42*, Nr.11, November 1965, S.26–28, 32.

1966 „Address by Louis I. Kahn – April 5, 1966", in *Boston Society of Architects Journal 1*, 1967, S.5–20.

1967	„Louis Kahn: Statements on Architecture", Vorlesung an der Politecnico in Mailand, Januar 1967, veröffentlicht in *Zodiac 17*, 1967, S.54–47. „Space and Inspirations", Vorlesung am New England Conservatory im Rahmen des Symposiums „The Conservatory Redefined", gedruckt in *Architecture d'Aujourd'hui 142*, Februar/März 1969, S.20–35. „Twelve Lines", zur Ausstellung über Boullée, Ledoux und Lequeu in *Visionary Architects: Boullée, Ledoux, Lequeu*, The University of St. Thomas, Houston 1968.
1968	Vorwort zu Clovis Heimsath, *Pioneer Texas Buildings: A Geometry Lesson*, The University of Texas Press, 1968. „Revolutionary Champions", in *American Institute of Architects Journal*, Januar 1968. „Silence", in *Via 1*, 1968, S.88–89.
1969	„Silence and Light", Gespräch mit Studenten anläßlich der Eröffnung seiner Ausstellung in der Eidgenössischen Technischen Hochschule Zürich am 12. Februar 1969. Vorwort zu Myron Goldfinger *Villages in the Sun*, Praeger, New York 1969. „Silence", in *Architecture d'Aujourd'hui 142*, Februar/März 1969, S.6–7.
1970	„Architecture: Silence and Light", in: Arnold Toynbee *On the Future of Art*, Viking, New York 1970.
1971	„Not for the Fainthearted", in *AIA Journal 55*, Nr.6, Juni 1971, S.25–31. „The Room, the Street, and Human Agreement", in *AIA Journal 56*, Nr.3, September 1971, S.33–34.
1972	„An Architect Speaks His Mind", Interview in *House and Garden 142*, Nr. 4, Oktober 1972. „Architecture", Vortrag im Rahmen der *John William Lawrence Memorial Lectures* im Jahr 1972 an der Tulane University School of Architecture, New Orleans. „I love Beginnings", Rede vor der International Design Conference in Aspen, Colorado, 1972, nachgedruckt in *Architecture and Urbanism*, 1975, S.278–286. „How'm I doing, Corbusier?", Interview mit Patricia McLaughlin, gedruckt in *The Pennsylvania Gazette 71*, Dezember 1972, S.18–26. „The Invisible City: International Design Conference in Aspen", gedruckt in *Design Quarterly 86/87*, 1972. „The Wonder of the Natural Thing", Interview mit Marshall D. Meyers am 11. August 1972, gedruckt in Alessandra Latour *Louis I. Kahn: l'uomo, il maestro*, Edizioni Kappa, Rom 1985.
1973	„Clearing", Interview mit Louis Kahn in *Via 2*, 1973, S.158–161. „Louis I. Kahn", in: John W. Cook und Heinrich Klotz *Architektur im Widerspruch*, Verlag für Architektur Artemis, Zürich 1974. „1973: Brooklyn, New York", Vorlesung am Pratt Institute im Herbst 1973, gedruckt in *Perspecta 19*, 1982, S.89–100. „Room, Window, and Sun", in *Canadian Architect 18*, Nr. 6, Juni 1973, S.52–55. „Thoughts", in *Architecture and Urbanism 3*, Nr.1, Januar 1973.
1974	„Poetics", in *Journal of American Education XXVII*, Nr.1, Februar 1974. Vorwort zu dem Ausstellungskatalog des Royal Institute of British Artchitects *Carlo Scarpa architetto poeta*, London 1974. „Harmony between Man and Architecture", in *Design 18*, Nr.3, März 1974, S.23–38.

Ausgewähltes Schriftenverzeichnis

„The Samuel L. Fleisher Art Memorial", in *Philadelphia Museum Art Bulletin LXVIII*, Nr. 309, Frühjahr 1974, S.56–57.

1975   Neil E. Johnson, *Light is the Theme: Louis I. Kahn and the Kimbell Art Museum*, Kimbell Art Foundation, Fort Worth 1975.

1977   Heinz Ronner und Sharad Jhaveri, *Louis I. Kahn: Complete Work 1935–1974*, Birkhäuser Verlag, Basel, Boston 1977, zweite, erweiterte Auflage 1987.

1979   John Lobell, *Between Silence and Light*, Shambhala, Boulder, Colorado 1979.

1984   Alexandra Tyng, *Beginnings: Louis I. Kahn's Philosophy of Architecture*, John Wiley & Sons, New York 1984.

1986   Richard Saul Wurman, *What Will Be Has Always Been: The Words of Louis I. Kahn*, Access Press and Rizzoli, New York 1986.

1991   Alessandra Latour, „Louis I. Kahn: His Thought, His World", in: Alessandra Latour *Louis I. Kahn, Writings, Lectures, Interviews*, Rizzoli, New York 1991.

1993   Urs Büttiker, *Louis I. Kahn: Light and Spaces/Licht und Raum*, (englisch und deutsch) Birkhäuser Verlag, Basel, Berlin, Boston 1993.